NAS SOMBRAS DO ESTADO ISLÂMICO

SOPHIE KASIKI

NAS SOMBRAS DO ESTADO ISLÂMICO

CONFISSÕES DE UMA ARREPENDIDA

Tradução
Jorge Bastos

1ª edição

RIO DE JANEIRO | 2016

CIP-BRASIL. CATALOGAÇÃO NA FONTE
SINDICATO NACIONAL DOS EDITORES DE LIVROS, RJ

Kasiki, Sophie

K29n Nas sombras do estado islâmico: confissões de uma arrependida / Sophie Kasiki, Pauline Guéna; tradução Jorge
Bastos. – 1ª ed. – Rio de Janeiro: Best Seller, 2016.

Tradução de: Dans la nuit de Daech
ISBN 978-85-7684-991-9

1. Mulheres – França – Narrativas pessoais. 2. Terrorismo.
3. Islamismo e Estado. I. Guéna, Pauline. II. Bastos, Jorge. III.
Título.

16-32603

CDD: 920.72
CDU: 929-055.2

Texto revisado segundo o novo Acordo Ortográfico da Língua Portuguesa.
Título original
DANS LA NUIT DE DAECH
Copyright © Éditions Robert Laffont, S.A., Paris, 2016
Copyright da tradução © 2016 by Editora Best Seller Ltda.

Capa: Guilherme Peres
Editoração eletrônica: Abreu's System

Todos os direitos reservados. Proibida a reprodução,
no todo ou em parte, sem autorização prévia por escrito da editora,
sejam quais forem os meios empregados.
Direitos exclusivos de publicação em língua portuguesa para o Brasil
adquiridos pela
EDITORA BEST SELLER LTDA.
Rua Argentina, 171, parte, São Cristóvão
Rio de Janeiro, RJ – 20921-380
que se reserva a propriedade literária desta tradução

Impresso no Brasil

ISBN 978-85-7684-991-9

Seja um leitor preferencial Record.
Cadastre-se e receba informações sobre nossos lançamentos e nossas promoções.
Atendimento e venda direta ao leitor
mdireto@record.com.br ou (21) 2585-2002

Para meu corajoso filho.

"Se minha mãe tivesse vivido por mais tempo, minha existência inteira teria sido diferente, tenho certeza. Mas ela me deixou cedo demais, e meu coração sofreu danos que homem algum, mulher alguma jamais pôde curar."

En attendant la montée des eaux, MARYSE CONDÉ

"Deve-se tentar viver."

O cemitério marinho, PAUL VALÉRY

A poeira da guerra

A estrada se prolongava como um tecido amarelo pela planície devastada. Os bombardeios das tropas de Bashar tinham aberto crateras entre as quais subsistiam, aqui e ali, algumas miseráveis fazendolas, algumas ainda habitadas. Mas não era possível ver os moradores. Nunca. Estavam escondidos. Montinhos de terra circundavam os buracos como se fossem lábios. Atravessei essa paisagem corroída, deformada pela violência da guerra que ali impera há mais de cinco anos, carregando meu filho no colo, adormecido e escondido sob o meu *niqab*. Com um braço, segurava o seu corpo pesado e morno. Com o outro, apertava forte a cintura magra de um homem que até ontem eu não conhecia. Agora, nossas vidas dependiam dele. Malik, nosso salvador.

A moto seguia tão rápida quanto o seu cansado motor permitia, e o vento jogava um véu escuro contra o meu nariz e a minha boca, dificultando a respiração. Cada minuto que passava, cada hora desde o início da nossa fuga, contava para a nossa sobrevivência. Estávamos sendo procurados e perseguidos em Raca. Quando descobrissem que eu conseguira escapar da cidade, viriam nos esperar ali, na estrada para a fronteira. Malik evitava os buracos e protuberâncias que se alternavam no asfalto coberto de areia. Como uma amazona insegura em sua garupa, me atrapalhava com os véus agora visivelmente cobertos, como tudo mais na região, pela triste e amarelada poeira da destruição.

Na estrada, vindo em sentido contrário, passavam com estardalhaço enlameadas caminhonetes, com muitos rapazes que balançavam junto das 12.7, metralhadoras montadas em tripés. Vestindo roupas militares de camuflagem meio esquisitas, eles tinham barbas e cabelos compridos, bigodes aparados. Levavam rifles *kalachnikov* pendurados nas costas. Com o punho erguido ao passarem por nós, estampavam o orgulhoso riso dos combatentes. Jovens vindos de todas as regiões eram ali chamados *mudjahidines* e, em outros lugares, *jihadistas*. Era o exército do Estado Islâmico se dirigindo para o combate.

Nosso itinerário fora calculado para evitar *check-points*, ou pontos de controle. No primeiro deles descobririam que eu não era esposa de Malik — bastaria erguer o véu que escondia meu rosto ou simplesmente me interrogar em árabe para perceber que não entendia a língua. Para mim, a sentença seria a morte por apedrejamento e, para ele, a tortura, seguida de decapitação. Meu filho desapareceria para sempre em um orfanato mantido pelo Estado Islâmico.

A moto bate em uma saliência da estrada, freia e derrapa. Em seguida, Malik novamente acelera, e o veículo retoma a direção. Aperto ainda mais o corpo de Hugo, cuja cabeça pesa forte em meu ombro dormente. Avançamos na direção da fronteira turca. Um automóvel com dois homens do Exército Livre da Síria (ASL) seguia na nossa frente, abrindo caminho para localizar *check-points* móveis. Outro veículo seguia atrás, fechando o comboio. Nesse último os ocupantes estavam armados e reagiriam se fôssemos identificados.

Apesar do medo, do esgotamento físico e do desconforto, a sonolência tomou conta de mim e encostei a testa nas costas de Malik. Assustada, me perguntava como pudera chegar àquele ponto, dependendo de desconhecidos, fugindo para salvar minha vida e carregando meu filho adormecido, em um país em guerra.

Essa pergunta seria recorrente nos meses seguintes, quando teria mais tempo para analisá-la. E também teria de responder a dezenas de questões ansiosas, dolorosas e até acusatórias de minha família, de meus amigos, assim como da polícia. Todos exigiriam explicações. Tentaria satisfazê-los. Buscaria as possíveis origens do grande cataclismo que atravessara minha vida havia menos de um ano, comprometendo e ferindo meus amigos, meu marido, e pondo em risco de vida meu filho e a mim. Buscaria no passado longínquo, revisitaria minha infância e juventude, revendo os erros cometidos e procurando enfrentar com lucidez as insatisfações e ilusões.

Toda trajetória de vida é singular. A minha me levou ao grupo Estado Islâmico, com meu filho de 4 anos, pouco antes de eu completar 33.

Não consigo encontrar um fato isolado, dentro da galáxia de pequenos acontecimentos que compõem minha vida, que possa explicar tudo. O grande erro seria acusar a religião como causa única e suficiente. Converti-me ao islã, ou seja, sou uma "convertida", como se diz, e abracei a nova religião com entusiasmo. Mas seria fácil demais, e inexato, dizer que foi por isso que parti.

Não existe explicação maior e inevitável para o drama que começou no último mês de fevereiro.

1

A infância

Nasci em 1981, em Kinshasa, no Congo, e vivi meus primeiros nove anos dentro de uma bolha de tranquilidade.

Minha mãe era uma mulher miúda como um passarinho, com um coração de ouro. Era enfermeira-chefe em um asilo belga. Sua vida inteira fora construída sob o signo do altruísmo.

Ela cuidava da própria mãe e das irmãs mais velhas, dando atenção também aos tios e sobrinhos. Nosso casarão vivia cheio de mulheres, e recebíamos muitas visitas. Minha mãe nunca parecia cansada ou enfastiada. À sua maneira luminosa, sabia se adequar à vida. Tinha um sorriso extraordinário, principalmente quando olhava para mim. Talvez por eu ser a caçula. Eu era a menina dos olhos de minha mãe, e ela era o centro do meu universo.

Cresci, então, nesse casarão, cercada por mulheres belas, livres, autônomas e independentes. O salário de minha mãe e os de minhas tias bastavam para nos sustentar com certo conforto. A casa era ampla, tínhamos um motorista, usávamos bonitos vestidos, nossas refeições eram fartas. Nada nos faltava. Em casa, falávamos apenas francês, sobretudo para que nós, as crianças, nos familiarizássemos com o idioma.

Nunca tive a sensação de me faltar um pai, pois minha mãe bastava. As minhas tias me disseram que ele havia sido um importante general. Como ele tinha morrido quando eu tinha 2 ou 3 anos, não guardara qualquer lembrança dele, além das imagens criadas a partir das histórias que me contavam. Sua existência se limitava às palavras que eu ouvia. Provavelmente, tive amigas na escola de uma de minhas tias, mas restavam poucas lembranças daquele tempo. Eu preferia ficar em casa, brincar no quintal enquanto esperava minha mãe, e não me separar dela quando voltava do trabalho. Nada podia nos afastar. Ela era tão magra que eu não tinha a menor dificuldade, mesmo sendo criança, de abraçá-la inteira. Seu cheiro e a lembrança do seu sorriso foi tudo que ficou.

Ninguém me disse que minha mãe estava doente. Só compreendi quando ela se deitou na cama e não se levantou mais, apenas algumas semanas antes de partir. O corpo quase não fazia volume sob o lençol.

Minhas tias, irmãs e as outras mulheres da casa me mandavam sair do quarto. "Vá brincar, vá brincar lá fora", passaram a ser as únicas palavras que me diziam. Eu obedecia. Faz parte da educação africana. Na África, crianças não fazem perguntas e não se explica a elas o que se passa no mundo dos adultos. Fui brincar lá fora. Mamãe morreu.

A casa estava cheia de gente. Membros da família tinham vindo de outras regiões do país e da França, onde moravam alguns. Alice, minha irmã mais velha, que eu não via há tanto tempo, estava presente e chorando, me pressionando contra sua barriga dura: estava grávida, esperando o segundo filho. Eu não chorava, pois ninguém me explicara de fato a situação. Era uma verdadeira multidão: a família mais distante, vizinhos, amigos, colegas de mamãe, pessoas de quem ela cuidara, a quem ajudara. Havia, também, tios, irmãos de minha mãe e irmãos de meu pai, que também me abraçavam e depois diziam: "Vá brincar com as crianças." Ninguém me dizia: "Sua mãezinha morreu." Não sabia se entendia. Ouvi, fui para o quintal, mas não brinquei. Fiquei sentada no chão até brigarem comigo por sujar o vestido tão bonito. Eu me levantei e, sem que ninguém prestasse muita atenção, voltei para o quarto que dividia com minhas primas. No caminho, dei uma olhada pela porta entreaberta do quarto de mamãe. Ela não estava lá. A cama fora arrumada, as persianas estavam abaixadas.

A lembrança da missa se misturava à de todas as missas da minha infância. Nada se parecia com as igrejas de Paris ou Châteauroux. Na África, os homens e as mulheres, sobretudo as mulheres, todos

NAS SOMBRAS DO ESTADO ISLÂMICO   15

endomingados, não se limitam a rezar introspectivamente e de maneira respeitosa. Não se murmura "Amém": berra-se, alto. Nada de sussurros, e sim cantos. Inclusive em um enterro, ou principalmente em um enterro. Músicas e vozes se misturavam, algumas vozes, às vezes, pareciam um choro, mas eu permanecia imóvel entre as mulheres da família.

Meu futuro foi decidido naquela mesma noite. Eu iria para a casa de minha irmã Alice e de seu marido, em Paris.

Alguns dias ou até semanas se passaram, e neles se manteve o meu cotidiano de criança em expectativa. Tratava-se de um breve e vago período em que minha vida de antes fora desmantelada e minha vida posterior ainda não existia. Estávamos no outono. Cachos do umbuzeiro se acumulavam no quintal e não eram mais varridos. Eu pisava descalça nas lajotas da sala. Não podia encostar nas riscas divisórias; era uma brincadeira minha e eu que estabelecia as regras. Ouvia as vozes dos adultos, seus cochichos, mas eles não me viam.

Quem fizera minha mala? Minhas tias maternas, provavelmente. Alice já voltara para a França, onde o marido e o filho mais velho a esperavam. Minha irmã nem tinha 25 anos e já ganhara uma menininha de 9, aparvalhada pela infelicidade. Era um presente de grego.

Deixei meu quarto, meu país, meu universo. Tudo desaparecera junto com minha mãe. À frente, o vazio. E o medo.

Era a primeira vez que viajava de avião.

Em Paris, encontrei Alice e o marido, Serge, que me esperavam no aeroporto com o filho. Serge era grande, sério e calmo. Logo descobriria que era capaz de passar dias inteiros sem falar. O que ele gostava, ao chegar do trabalho, era de ter um lar calmo e sem problemas, de ver televisão com a mulher, com as crianças já na cama. Não pedira para adotar uma menina arredia e fechada. Com pouco interesse por psicologia, ele não se sentia à vontade com grandes discursos nem com demonstração de sentimentos. Mas seria para mim um rochedo que não se quebrava. Ele me aceitou na família, para os bons e maus momentos, sem nunca se queixar. Minha nova vida poderia começar.

As estradas molhadas pela chuva, o céu cinzento, os engarrafamentos, todos aqueles rostos brancos e passos apressados. Os cheiros, os sons, tudo era diferente.

Hoje é evidente, para mim, que sofri o que chamam de depressão infantil. Na época, isso não foi diagnosticado, e ninguém na família pensou em pedir ajuda profissional que me desse apoio na superação do luto.

O mundo não tinha mais cores. Eu perdera a África e o amor de minha mãe. Nada restara. Tinha a impressão de não ter mais valor pessoal algum. Era um inútil peso para minha irmã e seu marido, a quem chamava de tio Serge. Ao mesmo tempo em que davam início a uma família, eis que se deparavam com esse imprevisto, obrigados a suportar um fardo adicional. O apartamento parisiense era pequeno, e eles não tinham meios para procurar outro no centro da cidade, de forma que nos mudamos para o subúrbio, indo morar no pequeno município de Yvelines. Dividia o quarto com meus sobrinhos, e dali evitava o máximo possível sair. Ia à escola sem reclamar, mas, assim que terminam as aulas, voltava para casa e me deitava encolhida na cama. Ninguém gostava de mim, ninguém de fato me amava, era o que pensava, apesar dos esforços de Alice, que se mostrava paciente. Não conseguia compreender que pudesse passar pelo mesmo luto que eu. Sentia-me sozinha. Sentia, sobretudo, que não servia para nada, nem para ninguém. Não existia mais aquele olhar castanho e luminoso que me guiava, tão carregado de amor, de um calor que meu corpo inteiro podia sentir. Minha mãe vivia apenas para mim. Agora que ela tinha morrido, eu não servia para nada.

Dificilmente se percebe a depressão em uma criança. Faltavam-me as palavras certas para me expressar, e minha irmã não dispunha do conhecimento necessário para me compreender. Concentrava-se nos sinais externos, preocupando-se quando eu não comia, me mandando para a cama no horário, não tarde demais, e deixando a luz do meu quarto acesa a noite inteira, pois eu tinha medo. Estava sempre limpa e bem-vestida, chegando na hora certa na escola, com a mochila organizada e todo o material necessário. Alice era sempre pontual ao me buscar. Fazia o melhor que podia. Mesmo assim, eu

NAS SOMBRAS DO ESTADO ISLÂMICO

me isolava no silêncio e na solidão. Olhava para o quadrado de céu que pela janela, ele parecia desbotado, menos luminoso, menos celeste que antes. Não me acostumava com aqueles céus carregados de nuvens, com aquele azul pálido e a variação de cinza. Do outro lado da porta escutava os sons da família de minha irmã, que não conseguia considerar minha. Ouvia o tatibitate do meu sobrinho pequenino, em seguida, os gritos do recém-nascido, a voz suave do meu tio, os risos de minha irmã. Estavam bem juntos. Não precisavam de mim.

Tudo era novo e brutal naquele desenraizamento, mas evoluí para um estado secundário, e era como se nada realmente me afetasse. Ali, nada de uniformes, nem de motorista. Castanheiras substituíam os flamboyants. Os galhos eram nus quase a metade do ano. Prédios cinzentos, sujos, erguiam-se a alturas bem maiores. No fim de semana, na missa, não se viam mais fitas nem véus, apenas casacos acolchoados e compridos casacões. Nem mesmo o silêncio da cidade era igual; o som dos carros era contínuo e surdo.

Eu me sentia indiferente a tudo aquilo. Achavam que estava me adaptando com facilidade, pois não me importava com nada. A enorme tristeza me protegia de todo o resto. Acomodei-me nela como em uma roupa, e ela não me deixava mais.

Por horas a fio invocava minhas lembranças. Tentava manter vivo o passado. No entanto, apesar de tudo, ele se dissipava. Fui me esquecendo da casa, dos degraus altos e do contato da rampa de ferro fundido preto e frio na palma da mão. Fui me esquecendo do cheiro do *pondu* da minha mãe, um mingau de folhas de mandioca e legumes, assim como das mangas. Eu me esquecia do rosto da minha tia, da florida estamparia dos meus lençóis favoritos, do arco-íris que se formava nos ladrilhos do banheiro que eu alagava ao tomar banho, dos *wax* que minha mãe usava em casa aos domingos. Tudo se apagava: as vozes dos primos no quintal, o lagarto correndo pela parede ofuscante de sol — e o riso de mamãe.

O passado ia se esvaindo, lentamente.

Na escola eu era uma aluna mediana. Mais calma do que agitada, disciplinada, meio perdida em meu próprio mundo. Solitária e distante, na maior parte do tempo, com relação aos outros. Mas ninguém implicando muito comigo. Os dias eram tristes. Chegava a adolescência, nada mudou. Permaneci em meu canto, continuava a ir para casa assim que terminavam as aulas, recusando convites dos colegas. Nada me animava.

Minhas sobrinhas me salvaram.

Eu tinha 17 anos quando minha irmã engravidou novamente. Gêmeas. Seria preciso se apertar ainda mais em casa, para dar espaço... A notícia não me agradava.

Mas ao visitar Alice na maternidade, no dia seguinte ao nascimento, e olhando as minúsculas menininhas que dormiam em seus berçários transparentes, agarrada uma à outra, uma intensa emoção tomou conta de mim. Não consegui articular uma palavra.

Alice parecia cansada, mas feliz. Um dos bebês começou a ronronar como um gatinho, com fome, mas não totalmente desperto, procurando mamar enquanto seus olhos fecham de sono.

"Passe-a para mim", disse minha irmã.

Ergui o bebê com imenso cuidado. Estava acostumada a ter crianças no colo e, no entanto, fiquei abalada. Era tão frágil e, mesmo assim, tão viva. Em meus braços, ela dependia de mim, confiante e inconsciente ao mesmo tempo. Algo em mim se modificou naquele momento.

Tornei-me, assim, uma jovem mamãe. Quando minha irmã amarrava uma das crianças em suas costas com um pano, ficava com a outra. Quando alimentava uma, eu cuidava da outra. Ia à rua cheia de orgulho, como uma rainha. As gêmeas rapidamente ficavam loucas por mim. Chamavam quando não estava em casa, faziam birra quando voltava. Retomei o gosto pela vida.

Era como se, por ter começado a sorrir, os outros, de repente, me descobrissem. Passaram a me chamar para sair, fiz amigos de verdade. Sem perceber, saí do luto que havia durado oito anos. Foi preciso encontrar o meu lugar, que alguém precisasse de mim. Que eu voltasse a me sentir útil.

2

Um novo começo

As meninas choravam, inconsoláveis, enquanto as últimas caixas eram acomodadas no carro. Eu não me sentia muito bem. Mas já tinha 21 anos e todo mundo, um dia, precisa assumir a independência. Nem estava indo para tão longe. Meu namorado e eu havíamos encontrado um pequeno conjugado. Eram apenas algumas poucas estações de bonde entre a casa de minha irmã e a nova moradia.

Sempre que podia, eu ia ver as meninas. Fazia os deveres com elas quando a mãe ficava até tarde no trabalho e, principalmente, conversava com elas. Dava aquilo que não tivera, ou que não percebera ter tido: um ouvido atento. Alice se saía bem na profissão que escolhera, mas seu trabalho exigia total dedicação. Seus horários eram apertados. Mãe de quatro filhos, estava sempre cansada. Meu tio também trabalhava muito. O casal, é claro, tinha pouco tempo para se dedicar a problemas sentimentais, falar sobre as disputas entre os coleguinhas ou escutar os devaneios das duas meninas. Eu, ao contrário, tinha tempo de sobra. E, sentada no carpete do quarto delas, ouvindo-as tagarelar, era onde me sentia mais feliz.

Consegui meu primeiro trabalho. Quis seguir os passos de minha mãe e me dedicar aos outros. Abracei, então, uma formação de educadora especial. Fiz estágio cuidando de adolescentes em situação delicada e, depois, como primeiro emprego fixo, passei a trabalhar com portadores de necessidades especiais em um centro social do subúrbio Kremlin-Bicêtre. Confesso que ao receber a oferta, hesitei — e me envergonho dessa primeira reação. Imaginei uma sala cheia de adultos com caras estranhas, vegetando e com baba escorrendo pelo canto da boca, em um ambiente infecto. Fiquei horrorizada, apavorada. Mas não tinha muita experiência, e as ofertas de emprego eram poucas. Aceitei.

No primeiro dia, cheguei tensa, decidida a me mostrar forte, disposta a construir uma blindagem ao meu redor. E o que eu pensava se confirmou: vi adultos, alguns com caras de fato estranhas e outros que até babavam. Mas com os quais vivi a mais rica das experiências humanas.

Já nas primeiras horas percebi a importância do papel dos educadores. Os adultos que acabavam jogados nesse centro apresentavam diversas deficiências, mas todos respondiam com reconhecimento e humor a qualquer sinal de afeto ou simplesmente de respeito. Trabalhando com eles e com a equipe, a visão que eu tinha da deficiência mudou. Ganha-se maturidade tentando ajudar pessoas cujas reações nem sempre são previsíveis. Aprendi a realmente ouvir. Desenvolvi a capacidade de empatia, que constatei ser como um músculo que se fortalece na medida em que é exercitado. Nunca mais me blindaria, como no primeiro dia, diante do sofrimento e das carências das pessoas sob os meus cuidados. Pelo contrário, abriria meus sentidos e passaria a escutá-las.

E esse esforço de ajudar o próximo foi amplamente recompensador. A mínima atenção que dava, a menor gentileza que fazia, eram generosamente retribuídas, com total espontaneidade.

Os dias de trabalho eram, algumas vezes, longos e exaustivos. Havia crises de angústia, de epilepsia, de raiva. Era uma profissão plena, que colocava à prova minhas aptidões psicológicas, minha força física e minha paciência. Outras vezes, chorava ao chegar em casa. Mas sempre que pensava na possibilidade de desistir, algo me impedia: um olhar, um sorriso, uma mão estendida.

Além disso, com aquele trabalho, redescobriria minha mãe.

Cuidando dos outros, sendo útil, constatei qual tinha sido sua motivação por toda a existência. Lembranças que achei terem desaparecido, às vezes me invadiam sem avisar, no caminho de volta para casa, na trepidação do metrô. Chegava a imaginar que ela se orgulharia de mim. Nunca falava disso com minha irmã, nem com as tias, mas carinhosamente guardava sua lembrança no fundo do coração. Minha vida continuava a girar em torno dela, e eu sabia que era melhor não sair pregando isso por aí: ninguém entenderia que, tanto tempo depois, eu continuava tão apegada à mãe que já morrera.

Mais tarde, por meio de amigos em comum, conheci Julien, e me apaixonei por sua calma, maturidade e segurança. Desde o início confiei plenamente nele. Tínhamos a impressão de nos conhecermos havia muito tempo; isso era praticamente uma evidência para nós. Vínhamos, cada um, de uma longa história pessoal, e desde o início buscamos uma relação duradoura. Ele era dois anos mais velho, já tinha duas filhas, mas eu queria muito constituir uma família, e muito rapidamente começamos a falar em ter um filho. Talvez pela primeira vez na vida considerei ser possível ser feliz.

Quando descobri que estava grávida, tornou-se óbvio que seria preciso mudar de emprego. Era impossível continuar: o longo trajeto que precisava fazer me deixava exausta e, por causa da gravidez, a força que eu fazia ajudando um paciente a se levantar da poltrona ou impedindo que levasse um tombo apresentava riscos. Mesmo assim, chorei muito no último dia de trabalho. Despedi-me de todos, e dos colegas com que compartilhara momentos tão intensos.

3

Casa de bairro

Hugo estava com 1 ano. Em breve poderia ir à creche. Por mais que eu sentisse que ele estava preparado — tinha boa saúde e era cheio de vida, já se interessava pelas outras crianças quando o levava à pracinha; ele era esperto e comunicativo —, ainda tinha minhas dúvidas. Ele teria de deixar a pequena bolha que eu fabricara para nós, na qual diariamente ficávamos por tantas horas esperando a volta de Julien, que era professor do ensino fundamental.

Eu também precisaria deixar aquela bolha encantada, retornar ao mundo real e recomeçar a enfrentar o cotidiano. Estaria eu com medo? Seria aquela boa e velha sombra de depressão, que há tanto tempo me perseguia, querendo surgir de novo? Não me atrevia a pensar nisso. Afastava os pensamentos ruins. Queria ser uma mãe forte, em quem meu filho pudesse confiar. Não aceitaria ser tragada novamente pela prostração.

Então, procurei um trabalho mais próximo. Não poderia chegar em casa muito tarde, pois Hugo era minha prioridade. Rapidamente, encontrei o lugar dos sonhos, em uma casa de bairro no município vizinho: eu seria encarregada do apoio às famílias.

Tratava-se de uma cidade rica e bem burguesa, poucos quilômetros ao sul de Versalhes, com grandes empresas que haviam estabelecido sua sede por lá. Mas a cidade era cercada por áreas menos favorecidas. Na mesma cidade, algumas áreas concentravam a maioria da população mais carente. E era em uma delas que se situava a casa de bairro.

Os primeiros dias de creche correram bem para Hugo, que se divertiu muito com as outras crianças. Levava-o de manhã e seguia para o trabalho. Minha irmã tinha horários irregulares e saía no início da tarde, por isso às vezes podia buscá-lo. Julien, quando terminava seu horário na escola, era quem o buscava e o levava para casa. Já meus horários variavam, dependendo dos dias, mas conseguíamos nos organizar. Era um pequeno arranjo que funcionava bem.

No entanto, eu sentia que faltava alguma coisa. Uma insatisfação e uma sensação de vazio nunca permitiam que eu me sentisse totalmente em paz. Era mãe, trabalhava e tinha um marido. A vida seguia. Mas algo parecia não estar bem. Não conseguia achar que a vida era apenas isso. Devia haver mais. Com certeza.

Às vezes, olhava em volta no ônibus, no supermercado ou na rua. Uma quantidade de rostos que passavam, e eram tantos segredos, tantas vidas desconhecidas para mim! Seriam felizes? Será que a eles basta o mundo que têm? A mim parecia muito pouco.

A tristeza difusa da minha infância retornou, noite e dia. Reatei com a velha melancolia, que tanto me acompanhara, e me readaptei a ela. Aprendi a aproveitar os bons momentos e a esperar que os maus passassem. Eles sempre passavam. Então, eu esperava.

Perdi o gosto pela vida. As noites em casa eram tristes. Formávamos um casal muito unido e feliz, mas minha impressão, agora, era que não tínhamos nada a compartilhar. Assim que Hugo ia dormir, a calma tomava conta da casa. Então, comecei a achar que não tínhamos mais nada em comum, além do filho. Julien percebe meu isolamento, e sei que ele não entende. Posso adivinhar seu pensamento: "Isso não lhe basta, Sophie? A felicidade, a vida tranquila, a calma, a paz, não são o suficiente?"

Não, não bastavam.

Eu não encontrava palavras para expressar o que me incomodava. Não conseguia acreditar que minha única função na Terra fosse ser a melhor mãe possível e viver dia após dia, até a morte. Não podia ser apenas isso. Não era possível.

Os dias na casa de bairro tinham o colorido que as noites não possuíam mais. Eu gostava dos colegas, entregava-me inteiramente às minhas tarefas, que basicamente consistiam em — mas não apenas a — dar apoio a famílias de imigrantes das regiões Norte e Oeste da África. Tratava-se de ouvir, aconselhar e acompanhar o que faziam.

Isso em todas as áreas, como saúde, escola, trabalho, filhos, lazer, todo tipo de dificuldades. Sabia perfeitamente como acionar as engrenagens administrativas, em quais portas deveria bater e como não deixar que os processos em curso se atrasassem.

Em geral, quem vinha primeiro eram as mães. Intimidadas e, ao mesmo tempo, decididas, elas, às vezes, tinham modos bruscos, falavam o que pensavam, com ânimo e vontade de seguir em frente. As testas eram tensas de preocupação, mas tinham o riso solto e franco. Faziam malabarismos com as dificuldades do cotidiano. Trabalhavam, criavam filhos, tinham noites pesadas pensando no futuro, acompanhavam os deveres de casa sem nem sempre compreendê-los bem, diziam "Vamos, olhe para a frente e siga!" ao filho pequeno que chorava no dia de volta às aulas, viravam as costas sem olhar para trás e se escondiam para secar as lágrimas. Faziam curativos nos machucados. Elas eram espertas, metódicas, generosas, calorosas, hospitaleiras, elegantes, cheias de humor, corajosas. Dispostas a tudo pela família. Eu me encantava por todas aquelas mulheres ao mesmo tempo, pois, ao conviver com cada uma delas, era como entrar em contato com algo da minha mãe. Todas tinham um pouco daquela energia solar cuja lembrança me dava sustentação e me feria ao mesmo tempo.

Atrás delas sempre havia um bando de crianças que todas as noites, depois das aulas, invadia a sala de assistência aos deveres de casa e a de brinquedos e jogos, como uma revoada de aves barulhentas, bagunceiras e alegres. Depois vinham as meninas mais velhas. Também em bandos, com olhares desconfiados e a língua afiada, rabos de cavalo bem-presos e trajes meticulosamente preparados para dar a impressão de descuido. Eram inseparáveis, nunca se via uma sem todas as outras. Sabiam como ninguém estalar a língua e produzir outros sons onomatopeicos de deboche, dissecando implacavelmente, ao longo das tardes, a complexidade das relações sociais. Nada lhes passava despercebido.

E depois, finalmente, os meninos. Adolescentes que entravam no centro social com um andar gingado, cheios de marra, e se dependuravam nas rampas de acesso, sempre juntos, como um enxame de desocupados marimbondos. Agitados, falastrões, preferiam ser cortados em pedaços a admitir uma fraqueza. Mas eram prestativos, gentis e respeitavam os mais velhos. Bastava cumprimentá-los para receber de volta uma sinfonia de "E aí, madame?", "Nada de madame, o nome dela é Sophie", "Posso ajudar a carregar sua bolsa?", "Não banca o prestativo, seu vendido". Eram engraçados, meio brutos, rancorosos, e tão diretos quanto as irmãs.

O que nós, educadores, queríamos, era encontrar e incentivar dinâmicas comuns. Tentávamos misturar, misturar tudo: gerações, populações, gêneros. Organizávamos tardes de lanche, matinês, shows. As mulheres chegavam em grupos com suas roupas sempre coloridas e espalhafatosas, trazendo tupperwares e pratos forrados com papel-alumínio, deixando montanhas de comida em cima das mesas cobertas por toalhas de papel. Pratos típicos como *thiéboudienne*, *attiéké*, arroz *jollof*, molho de amendoim, quiabo, frango *yassa*, bolo de tâmaras com mel, pastéis doces e salgados, *halwar tabaa*, *tchoutchouka*... Elas formavam grupos, conversavam e riam, enquanto os filhos atravessavam o salão de dança como uma caçadora matilha de lobos, e depois saíam para se encostar nas paredes, aos empurrões e proferindo pesados palavrões, incapazes, tanto pela idade quanto pela presença das mães, de se dirigir às mocinhas que, sem deixar o salão, se amontoavam umas no colo das outras, debochadas e maledicentes em relação a tudo que estivesse ao alcance dos seus afiados olhares. Já nós, organizadores, circulávamos a noite inteira, indo de um grupo a outro. Os eventos não chegavam a ser um sucesso, mas o clima era sempre alegre.

Organizávamos, também, tardes culturais, das quais participavam principalmente as mulheres. Também nelas surgiram problemas. As francesas, pelo menos aquelas que assim se consideravam, ou seja, não imigrantes, reclamaram do fato de as outras mulheres falarem árabe. Então, abordei aquelas que eram de famílias do Norte da África para dizer o quanto era importante que falassem francês nesses eventos e ali na instituição, de maneira geral.

— Não é legal estar com vocês quando conversam apenas em árabe. Dão a impressão de que não querem intimidade. Fazem a gente se sentir excluída.

— Não creio que elas de fato queiram se tornar íntimas — comentou uma das mulheres de que eu mais gostava.

26   CASA DE BAIRRO

— Ouça, também não falo árabe, e gostaria de entender o que dizem.

— Com você é diferente — respondeu uma delas.

Elas prometeram tentar falar francês, mas assim que estavam entre elas, esqueciam e voltavam ao árabe. Por força do hábito. Tínhamos que insistir o tempo todo.

Por outro lado, uma das senhoras de presença mais assídua nas tardes culturais acabou indo à minha sala para dizer:

— Gosto muito das saídas que você organiza, Sophie. Mas acho que há mulheres demais como... como ela.

E apontou com o queixo uma africana que passava pelo corredor, indo buscar o filho no centro de assistência aos deveres de casa. Fiquei tensa:

— Como assim?

— Você sabe o que quero dizer. Elas não se interessam de verdade por cultura. Aliás, vêm principalmente para se reunir entre elas mesmas. Seria bom que fizesse grupos mais... Menos...

Perguntei, então, com um tom bastante seco:

— Já olhou para mim, Christiane?

— Com você é diferente — ela desconversou.

Bom, pelo menos nesse ponto todo mundo parecia concordar.

Todas aquelas iniciativas terminaram em fracasso, é claro. Nossas boas intenções desafiavam preconceitos, iam de encontro a hábitos de segregação, conscientes ou não. Esbarravam, também, em práticas erradas, na preguiça de alguns, na falta de fé de outros. Mas nem por isso desistimos. À noite a equipe se reunia, todos os responsáveis pelos diferentes setores buscando novas ideias, procurando encontrar soluções. Energia para isso nós tínhamos. Nunca desanimávamos todos ao mesmo tempo. Quando um esmorecia, um outro o animava, e tudo recomeçava. Foi como aconteceram os concursos de culinária depois das aulas de zumba, e os saraus depois dos passeios gratuitos. Recomeçávamos a cada vez, incansavelmente. O que queríamos não era tão simples: fazer franceses de todo canto do planeta viverem juntos, fazendo-os perceber que eram um só povo. Filosófico? Utópico? Podia ser, mas, em todo caso, nós tentamos.

NAS SOMBRAS DO ESTADO ISLÂMICO   27

À noite, em casa, a energia que me restava se concentrava em Hugo. Depois disso eu me sentia exausta.

Julien e eu nos afastamos um do outro sem raiva nem brigas, sem rancores, quase sem nos darmos conta.

Minha família continuara a frequentar assiduamente as igrejas cristãs de Seine-Saint-Denis e de Yvelines. Eu, pessoalmente, deixara de ser praticante, desde a morte de mamãe. Os ritos e os cantos, a alegria da comunidade, tudo me parecia forçado. Não me identificava com aqueles cânticos entoados aos berros, nem com as danças. Abandonei em Kinshasa a religião de minha mãe e talvez, desde então, o lugar estivesse vago.

O islã é que viria a ocupá-lo.

Não houve um imame persuasivo ou qualquer pregador iluminado. Nenhum demagogo cruzou meu caminho, ninguém me procurou para mostrar o caminho ou me fazer uma lavagem cerebral. Não foi uma religião que me transmitiram ou impuseram. Veio como escolha minha, sozinha. Toda a minha trajetória contradiz a ideia de que fui vítima do proselitismo de imames com a função de recrutar seguidores na boa população francesa. Encontrei meu primeiro imame quando já havia tomado a decisão de me tornar muçulmana, e não sou a única nessa situação.

Na casa de bairro, o islã não era a única religião, mas era a mais comum, tanto entre as famílias que acompanhávamos quanto na própria equipe. As práticas pareciam tão diversas como são as individualidades. Ouviam-se sempre referências às festividades e aos rituais mais populares, como o ramadã e o Eid al-Adha. Mas cada um os praticava à sua maneira. Algumas mulheres cobriam os cabelos, mas nem todas. E mesmo entre as que cobriam haviam significativas diferenças entre a simples echarpe e o *hijab*. Exceto a proibição da carne de porco, unanimemente respeitada, a prática parecia bem suave. Frequentemente, conversava sobre religião com Aisha, uma das mães que eu acompanhava profissionalmente. Ela estava longe de ser extremamente devota ou fanática. Aisha havia refletido bastante sobre a sua religião, e nossas conversas me faziam bem. Fiz algumas buscas na internet, comprei o Corão, é claro, assim como um volumoso apanhado de *hadiths* agrupados sob o título *Sahih al-Bukhari*. Eram relatos da vida do Profeta reunidos pelo estudioso Mohammed al-Bukhari. Comprei, também, um livro para jovens, que ensinavam as orações. Estudei e encontrei coisas que tocaram meu coração.

Para começar, o fato de não haver necessidade de um intermediário entre Alá e o seguidor da religião me pareceu correto. Concordo com os valores de caridade, de trabalho sobre si mesmo, de reflexão. O islã defende a tolerância, mesmo que não seja o que mais se vê hoje em dia. As regras podem se adaptar a cada situação. Por exemplo, uma pessoa doente ou uma mulher em período menstrual não precisa praticar o ramadã. Cabe a cada um avaliar sua própria força e resistência. Para mim, é uma religião que, pelo menos em sua intenção, está bem distante da hipocrisia. O que importa não se encontra nas aparências, e sim no íntimo das pessoas.

Segui, então, um caminho próprio para o islã. Eu mesma o ensinei para mim. Em segredo, me tornei muçulmana. Foi uma iniciativa profunda, particular, e da qual pouco falei com outras pessoas.

A religião, cada vez mais, preenchia o vazio em meu coração. Comecei a crer que a chave para uma existência que fizesse sentido se encontrava na religião e, mais especificamente, na prática do islã. Foi um caminho pessoal. Deixar de comer carne de porco se mostrou custoso para mim, pois não percebia bem essa necessidade. Não correspondia a nada que me parecesse tão importante. Mas me obriguei a fazê-lo. A prática cotidiana da caridade, no entanto, levando o coração a se manter aberto ao infortúnio do próximo, se mostrou a mim com a luminosa clareza da evidência. Tendemos a nos blindar, a evitar enxergar todos esses esquecidos do nosso sistema social, tirando-os do nosso campo de visão. Eles ficam do lado de fora; se entrassem, estragariam nossa felicidade. Como continuaríamos a comer, sorrir e dormir em paz se o tempo todo tivéssemos em mente a dor e o sofrimento que um homem, ou uma mulher, em tudo igual a nós, sente, neste exato momento? Por isso fechamos os olhos. O islã recusa esse espírito egoísta e propõe uma solução prática — pois é uma religião pragmática.

NAS SOMBRAS DO ESTADO ISLÂMICO

★ ★ ★

Converti-me em uma tarde de inverno, e a total falta de cerimonial satisfez profundamente meu desejo de continuar nessa trilha íntima e pessoal. A conversão ocorreu em uma mesquita dos arredores. A *shahada*, o juramento de fé islâmica, exige apenas duas testemunhas (masculinas) muçulmanas. Pode ser feita em qualquer lugar e consiste em dizer que livremente se escolheu a fé. E a partir daí nos unimos à comunidade maometana.

Procurei o imame no fim da oração para mulheres, em uma sexta-feira. Contei em poucas palavras meu percurso, minha vida e o desejo de me converter. Ele me ouviu com atenção e aconselhou que eu procurasse progredir na descoberta da religião. Quando me senti preparada, voltei a procurá-lo, e ele providenciou as duas testemunhas. No dia marcado, voltei, com minha amiga Aisha e seus dois filhos. Ficamos em uma sala mobiliada com simplicidade: apenas sofás junto às três paredes, cobertos de almofadas. Em molduras, viam-se suratas em árabe, mas eu não conseguia ler, pois mal começara o aprendizado do árabe clássico. Uma janela se abria para o pátio espremido entre os edifícios. Tudo meticulosamente limpo.

A cerimônia ocorreu com simplicidade. Diante das testemunhas e da minha amiga, recitei as palavras que aprendi de cor: "*Ashadu anla illaha illalaa wa ashadu annna Mohammadan rasulallah.*" Significam: "Atesto não haver divindade à exceção de Deus e atesto ser Maomé o mensageiro de Deus."

Pronto, agora eu era muçulmana.

Tomamos chá e conversamos. Senti-me feliz, mas nem um pouco agitada. Pensava apenas que, a partir daquele momento, quem sabe, minhas preces e orações seriam ouvidas. Chovia quando partimos.

Não contei nada a Julien. Vindo de uma família do interior da França, e de tradição católica, meu marido era um ateu convicto. Segundo suas próprias palavras, ficara traumatizado com o catecismo e consideravam todas as religiões imbecilizantes. Para ele, foram elas que deram origem aos maiores massacres pelos quais a humanidade passou. Quando não os provocaram diretamente, deram seu aval. E ele colocava os três monoteísmos no mesmo saco. Dizia que a Igreja era uma seita, a fé um recrutamento voluntário — ou uma loucura — e a prática uma cegueira programada. Eu nunca conseguiria fazê-lo entender o que a conversão representava para mim, e não tinha vontade de ouvir zombarias. Preferi me calar, e, por isso, ele não ficou sabendo de minha conversão.

Continuei a cozinhar em casa as mesmas coisas, mas Julien notou, por exemplo, que deixei de comer presunto. Assim como, passados alguns meses, também percebeu que comecei a cobrir a cabeça. Não usaria o véu mais rigoroso, chegar a esse ponto estava fora de questão. Sou feminista, filha de uma mulher livre como foi minha mãe. Um lenço discreto na cabeça e no peito bastavam para que eu me sentisse fiel à exigência muçulmana de pudor. Os homens, por exemplo, não são obrigados a expor sua ligação à religião. Continuei dada a vaidades e preocupada com minha aparência. Passei, então, a usar um turbante. Julien assistiu a tudo, desconfiado, mas sem nada comentar.

Um sábado, enquanto eu estava na casa de bairro preparando uma noite temática, Julian foi à feira com Hugo e por acaso encontrou Aisha.

— Não ficou chateado por Sophie ter se convertido? — perguntou ela.

Ele, chocado, respondeu com uma banalidade qualquer e mudou de assunto. Já à noite, quando cheguei em casa, perguntou, incrédulo:

— Você se converteu ao islã e nem me contou?

— Sei que isso não lhe interessa, e não quis incomodá-lo.

Sua expressão era triste.

— Eu teria ouvido, se você tivesse falado.

— Sei o que acha da religião. Mas a mim faz bem, só isso.

— Contanto que não se torne uma fundamentalista maluca... Sabe que os recém-convertidos são os piores.

— Eu não corro esse risco.

E, assim, finalizei a conversa, com um gesto significativo.

Só isso. Não falamos mais nada. É claro, o fato de não compartilhar com ele algo que para mim tinha grande importância contribuiu para nos afastar ainda mais. Pouco resta da relação de casal a partir do momento em que se exclui o outro dos interesses pessoais.

Levei para casa um tapetinho de orações que deixava enrolado em um canto, tomando cuidado para não invadir o espaço familiar com minha fé. Pelo menos em um ponto Julien e eu concordávamos: a religião é uma atitude privada.

Na casa de bairro, apesar de minha discrição, todos ficaram sabendo. Alguns me parabenizaram. Mas esse não se tornou o tema central das conversas. Conversões sempre existiram em todo lugar em que coabitam diferentes religiões e são, igualmente, um motivo de satisfação. As pessoas não permanecem a vida inteira fechadas em suas certezas iniciais. A religião deve ser encontrada, escolhida.

É uma iniciativa pessoal, ou, pelo menos, deveria ser.

Mas a conversão não trouxe de volta a felicidade. Foi apenas uma etapa em uma muito longa e profunda crise moral. O islã não trouxe respostas, mas me ofereceu, pelo menos em um primeiro momento, instrumentos de reflexão, talvez pistas para repensar o mundo. Eu estava imersa em um processo tortuoso. Buscava um sentido para a vida. Julien perguntava, nos tempos em que ainda conversávamos: "Mas por que tem de haver algum sentido? Aproveite, saboreie, compartilhe. Por que para você não serve o que basta para os outros?"

O que bastava para ele não servia para mim, esse era o cerne da questão, e eu não sabia como responder. Era muito simples: eu precisava que tudo aquilo tivesse um sentido. Precisava daquilo.

Então, procurei como uma criatura na escuridão, apelando para uma imagem religiosa. Mas era realmente o que eu sentia. Tinha a impressão de ser um inseto cego e de estar incansavelmente me chocando contra a mesma janela, enquanto bastaria uma caridosa mão que a abrisse, me permitindo voar para o céu, para a luz.

Mudança na direção da casa de bairro. A nova administração, agora, estaria ligada à Prefeitura, que era conservadora e sustentava argumentos violentos em temas como imigração, delinquência e segurança. Era um sinal dos tempos. Subsídios foram cortados, e os programas culturais e sociais foram os primeiros a serem sacrificados. A casa de bairro perdeu parte de seu orçamento. Nossos projetos foram sucessivamente questionados, exceto os que geravam faturamento monetário, o que me deixava furiosa, pois isso era o contrário da nossa missão social.

Queríamos organizar uma exposição memorial sobre o tema do tráfico de escravos. A Prefeitura recusou com veemência, alegando ser assunto propenso demais a gerar segregações sociais e étnicas. No entanto, sem abordar nossa história, nos isolamos de nós mesmos. As coisas não deixam de existir quando deixamos de falar delas. As razões da recusa me causaram raiva. Eles não viam que eram eles que criavam segregações? Semeavam nos corações o descontentamento e a desconfiança.

Enviamos, aos serviços competentes, solicitações e relatórios, tão volumosos quanto listas telefônicas, respondendo a dezenas de questionários, anexando pilhas de documentos com justificativas, mas todos os esforços foram em vão.

Havia um ano eu dava aula de zumba, que fazia muito sucesso, duas vezes por semana. A lista de espera era imensa. Lembrei, então, à Prefeitura, que eu administrava a aula de maneira desinteressada, em meus horários de folga, pois a casa de bairro não tinha fundos para me remunerar. As mulheres que faziam a aula gostavam tanto que não me dei ao luxo de parar. Mas pedi permissão para seguir uma formação de preparadora física, não querendo cometer algum erro que pudesse comprometer a saúde dos participantes. Meus conhecimentos se limitavam ao que tinha aprendido frequentando academias de esporte e de dança da cidade. Repetia, conscienciosamente, o que via, mas sentia falta de maior conhecimento de base. Além disso, não queria praticar nada ilegalmente — e é uma obrigação legal ter certo tipo de qualificação para administrar aulas coletivas. Tudo que eu desejava era adquirir a qualificação necessária.

Meu primeiro pedido foi negado. Em seguida, meu relatório foi extraviado, e precisei recomeçar todo o processo. Horas inteiras perdidas em extenuantes tarefas administrativas. Meu segundo pedido foi negado. Refiz minha candidatura: há dois anos trabalho gratuitamente, e acho que mereço essa formação. A pessoa que trabalhava com formações na Prefeitura se ausentou por motivos de saúde, com uma licença de prazo indeterminado, e ninguém sabia me dizer quem iria dar continuidade aos pedidos dos requerimentos...

Funcionários da Prefeitura começaram a ir ao nosso local de trabalho, com visitas que mais pareciam inspeções. Chegavam às pressas, só se apresentavam à direção, ignoravam os jovens que imediatamente assumiam, na presença deles, atitudes provocadoras.

Depois vinham nos dar o veredito em nossas salas:

— Muitos bonés. Vocês não os mandam tirá-los?

— Isso aqui não é uma escola. Preferimos que se sintam à vontade, tenham confiança e venham. É melhor do que encher a paciência deles com detalhes sobre a maneira de se vestir.

— E o árabe? Algumas mulheres se queixam de que se fala mais árabe do que francês na casa de bairro.

— Não vamos exagerar. Trata-se de um grupo de mães de família que se reúnem em pouquíssimas ocasiões. Gostam de estar entre si e instintivamente se comunicam em árabe. Chamamos a atenção delas, que se esforçam nesse sentido.

— Podemos concluir que não têm vontade de se integrar...

— Não creio que seja esta a questão da integração. Essas senhoras são francesas e construíram suas vidas aqui. Os filhos são franceses, e a maioria nem fala árabe. Imagine uma família francesa morando nos Estados Unidos, e que encontra outra. As duas vão querer conversar em francês, só isso.

Os funcionários não pareciam convencidos.

— E esses jovens que ficam por aí, desocupados. Estão inscritos em alguma atividade?

— A maioria deles, em nenhuma. Apenas gostam de estar aqui. É uma casa de bairro. Vemos nisso, inclusive, uma boa demonstração do sucesso de nossa implantação local — respondeu meu chefe com segurança.

— Eles sequer cumprimentam quem chega — resmungou um deles.

— Mas vocês também não os cumprimentaram!

Minha resposta não gerou réplicas. Meu interlocutor não sabia o que dizer. Mais reuniões desse tipo se sucederam, semelhantes. O vento mudara de direção, era visível.

4

Os meninos

Acostumei-me a chamá-los de meninos. Idriss, Mohammed e Souleymane eram amigos de infância. Cresceram em um bairro pobre. Idriss e Mohammed moravam no mesmo edifício, e Souleymane em uma casa próxima. As famílias se conheciam. Desde a creche eram inseparáveis. Fizeram juntos o maternal, depois, o ensino fundamental, entraram ao mesmo tempo no ensino médio e escolheram a mesma formação. Eram eletricistas. Mohammed fora quem se saíra melhor, tinha um emprego fixo e ganhava bem. Já Idriss e Souleymane trabalhavam fazendo bicos e, por isso, tinham uma renda menos estável, sendo muitas vezes pagos sem declarar impostos, mas conseguiam dinheiro suficiente para se sustentar e ajudar um pouco suas famílias. Eram bons meninos. Eram.

A família de Idriss saíra do Senegal, onde ele nunca pusera os pés. Seus cinco filhos tinham nascido na França. O pai trabalhava e a mãe cuidava da casa. Era uma mulher volumosa, corpulenta, com um sorriso luminoso, e muito calorosa. A família de Mohammed chegara do Marrocos havia quase meio século. Ele também nunca estivera no país de origem. Os pais trabalhavam, ele, na construção civil, ela, em cantinas de escolas. Não eram muçulmanos praticantes, e a mãe de Mohammed não cobria os cabelos. Mas seguiam o ramadã. Souleymane, por sua vez, viera de Burkina Faso. Sua família era a que eu menos conhecia. Com origens em um lar polígamo, tinha muitos irmãos e irmãs.

A mãe de Idriss era muito maternal. Já na primeira vez em que a vi, me abraçou forte. Sempre deixava na minha sala um tupperware com algum prato de seu país, em agradecimento por, certa vez, eu ter escrito uma carta de apoio a um dos filhos que queria ser animador de eventos em uma escola da cidade. Fiquei muito apegada à família

NAS SOMBRAS DO ESTADO ISLÂMICO   35

quando uma tia de Idriss fora à França para fazer um parto que se previa difícil. Depois de nascer, o bebê precisou ser hospitalizado, e ajudei na medida do possível, tanto na comunicação com os hospitais quanto no apoio moral. Passei dias em idas e vindas entre a mãe e o bebê. Isso me mobilizou tanto que Julien se queixou, achando que aquelas famílias me manipulavam e que eu deveria me preocupar mais com Hugo. Mas eu sentia necessidade de me dedicar a algo que ultrapassasse um pouco o âmbito do meu próprio lar.

Rapidamente, me senti adotada pela família de Idriss, mesmo que as relações se limitassem à casa de bairro e aos eventos que organizávamos. Os irmãos menores, meninos e meninas, estavam inscritos na atividade de assistência aos deveres de casa. Eu dava apoio às mães nos meandros da administração. Elas regularmente levavam volumosos relatórios para que juntas tentássemos decifrá-los. Redigíamos as respostas e eu procurava entender a serventia daquela documentação. Uma das meninas se inscreveu na aula de zumba. Isso, aliás, não agradou ao irmão, Idriss, que dizia que a zumba era uma "dança de excitação". Ele dizia isso rindo, e todo mundo debochava. Quem sabe o que ele realmente pensava? Dos três amigos, era o mais durão e o mais carismático. Mas gostava da mãe, nunca se recusava a prestar um favor e tinha senso de humor. Os menores participavam de todas as atividades que propúnhamos, nas quartas-feiras, quando não tinham aulas, e durante as férias. A mãe de Mohammed, inclusive, uma vez participara de uma visita que organizávamos ao Louvre, em um domingo em que a entrada era gratuita. Ela quase nunca ia a Paris, que, no entanto, fica a apenas 25 quilômetros de onde morávamos. Visitamos a seção de Antiguidades Egípcias, terminando pela múmia. A mãe de Mohammed passara o dia sacudindo as mãos em um gesto teatral, repetindo, impressionada: "Puxa, como tem coisas bonitas!" No caminho de volta, no trem, me beijava agradecida. Mas não participou de outros passeios, apesar dos meus convites. Se ausentar durante uma tarde inteira dos afazeres domésticos não é nada fácil para uma mãe sobrecarregada, e eu sentia falta de sua alegria e de seu entusiasmo infantil e sincero nos passeios. Ela não tentava parecer o que não era; o tempo todo era íntegra e honesta.

★ ★ ★

Um dia eles se foram.

Foi uma das irmãs de Idriss que me avisou. Na hora do almoço, em um dia de setembro de 2014, meu intervalo não havia ainda terminado quando o telefone tocou:

— Sophie, eles se foram! Mamãe está chorando. Ibra, Momo e Souleymane... foram para a Síria!

Consegui apenas dizer:

— Estou indo para aí!

Abdoulaye, irmão caçula de Idriss, com uns 20 anos, recebera uma mensagem dele avisando que os três tinham deixado a França definitivamente. O rapaz avisara à família, e lá estavam todos reunidos no apartamento atulhado, tentando compreender a história. Os três jovens, com outro amigo, que tinha um carro, haviam viajado para a Espanha quatro dias antes, dizendo que passariam as férias no país. Lá chegando, contaram o plano ao amigo dono do carro: iriam pegar um avião para a Turquia, tendo como destino final a Síria. O amigo, desesperado, fizera de tudo para que mudassem de ideia. Inutilmente. Voltara sozinho e, de início, preferira não falar com ninguém. Tinha medo de ser acusado de cumplicidade.

A mãe de Idriss, em prantos, não se controlava:

— Ele nem me disse adeus! Não me deu nem um beijo!

Ela tentava reconstruir os acontecimentos dos dias anteriores. Acreditava se lembrar de que Idriss tinha um olhar triste. Ouvi tudo, incrédula, compreendendo que o universo daquela mulher acabara de se comprimir, e que a vida, agora, se dividiria entre antes e depois do dia em que o filho partira.

Não era a primeira história assim que eu ouvia, mas era o primeiro rapaz que eu conhecia pessoalmente. Dizem que aproximadamente sessenta moradores das cidades vizinhas já partiram nos últimos anos. Às vezes falávamos com os jovens na casa de bairro, e para a maioria deles esse assunto fazia parte de um cotidiano mais ou menos próximo. Todos conheciam alguém que fora embora. Era um tema cheio de fantasmas, medos ou exageros, com intermináveis discussões. Mas para mim, até então, não era tão real.

NAS SOMBRAS DO ESTADO ISLÂMICO

Na pequena sala de estar repleta de gente, todos choravam. O pai de Idriss saíra do trabalho às pressas e estava ali sentado, zonzo, os braços caídos. Alguns vizinhos e amigos apareceram para oferecer apoio, e as conversas não variavam muito: "Como souberam?", "Quando se foram?", "Não deu para perceber nada?", "Ai, que desgraça!".

De repente, o telefone fixo tocou.

A dona da casa foi a mais rápida, e agarrou o aparelho. Era Idriss. Muito ligado à mãe, queria apenas tranquilizá-la. Acreditando que o filho estivesse na Turquia, ela gritava: "Volte, volte para casa! Ainda dá tempo. É uma besteira, ninguém vai saber. Você precisa voltar logo."

Sem nada mais que pudesse fazer, ela repetia as mesmas coisas de forma insistente. Não sabia que os três já estavam na Síria. Já estavam em Raca, a "capital" da organização Estado Islâmico, e não havia mais volta possível.

Ao desligar, seu choro aumentou. O marido permaneceu mudo, desorientado. Estavam tão infelizes que as lágrimas também vieram aos meus olhos, e fiquei assistindo, com sofrimento, as mulheres se lamentarem.

Nos dias e até nas semanas seguintes esse se tornou um assunto recorrente. Diariamente, visitava as famílias, para ter notícias. Passava um momento com elas na sala, ouvindo-as repetir incansavelmente as mesmas perguntas. O que poderia ter acontecido para que bons meninos, sem problemas, fizessem uma coisa como aquela? Então descobrimos que eles, antes da viagem, tinham feito empréstimos bancários.

Fiquei sabendo, também, que eles vinham mantendo contato quase diário. Ligavam para a mãe, para os irmãos e irmãs, mas também para amigos. Vejo algumas das mensagens enviadas. Uma delas, para Majid, um dos irmãos menores de Mohammed, dizia o seguinte: "Tudo bem? E mamãe, está bem? A vida aqui é boa. Diga à mamãe que mando um beijo. Mande também ao pessoal da academia. Que Alá os proteja." A mensagem trazia também uma foto de Mohammed dando um mortal de costas em um rio. No canto de baixo, à direita da imagem, via-se uma mão fazendo o V de vitória.

Majid, o irmãozinho, parecia extasiado, cheio de orgulho. O celular passou de mão em mão pela sala, em um silêncio carregado de pensamentos fortes. O alívio de saber que os rapazes estavam vivos era ofuscado pela raiva diante da diferença entre a foto, demonstrando alegria e despreocupação, e a desolação que eles haviam deixado para trás. A mãe não parava de reativar a tela para contemplar, mais uma vez, seu menino se divertindo, todo sorridente. Ela não podia acreditar no que via.

"Onde estão?" Nada diziam a respeito. Imaginava-se, atrás do personagem dando o salto mortal, uma vasta planície de terra queimada. As águas do rio cintilavam em azul-esverdeado. Nenhuma pista. Nenhum vilarejo ou construção ao fundo. Apenas um rapazote brincando como criança. Existia, era verdade, uma ponta de culpa por trás das palavras "E mamãe, está bem?".

A partir desse dia, a comunicação entre os rapazes e suas famílias não parou mais. Por Viber ou Messenger, as mensagens chegavam com regularidade. Davam notícias da saúde (boa) e, por intermédio dos irmãos e das irmãs, tranquilizavam os pais (a vida era tranquila, moravam juntos em um grande e bonito apartamento, eram remunerados). Mas não falavam nada com mais precisão, nunca citavam nome algum, nem de qualquer lugar. Todos entendiam que estavam na Síria, mas permaneciam misteriosos quanto ao próprio paradeiro. Pediam também que os mantivessem atualizados em relação ao que se passava na França: como estavam as coisas na escola, os resultados esportivos de um dos irmãos, detalhes da vida familiar. Não pareciam ter mudado. Não respondiam às perguntas diretas, mas tudo que contavam era tranquilizador.

Fico curiosa em saber se sentem saudade de nós, se não se arrependem de ter ido embora. Ao ver aquelas mães definharem, me pergunto: como puderam partir dessa maneira? Amam as mães pois as viram se dedicar ao máximo, amam-nas dolorosamente, conscientes de todas as humilhações e sacrifícios pelos quais elas passaram em nome deles. Amam suas mães como bons filhos e sabem que lhes partiram o coração.

Um dia, a irmã de Idriss me mostra uma foto dele olhando para a câmera com um sorriso diferente. O olhar que vi me causou preocupação, era o olhar de um iluminado. Lembrava o de Shekau, o chefe do movimento Boko Haram. Era algo de dar medo. Pergunto-me se não usam drogas.

Na casa de bairro, ainda se falava muito disso. Para nós, era uma invasão bem real e brutal da política internacional e da religião em nosso cotidiano. Conversávamos entre nós, esmiuçando os menores fatos e gestos, os meses anteriores à fuga dos três meninos. Nós os conhecíamos bem, e alguns que já estavam na casa de bairro há mais tempo, inclusive, haviam acompanhado os meninos durante o período escolar. O que teria acontecido? Será que algo poderia ter nos levado a prever isso? Procuramos algum sinal. Mas são meninos como todos os outros. Como todos os jovens da comunidade naquela idade, eram mais a favor dos palestinos do que dos israelenses. Achavam que não devíamos acreditar no que dizia a mídia. Que o governo se utiliza de propaganda. Que os muçulmanos não são bem-vistos na França. Que os Estados Unidos haviam mentido sobre o Iraque. Acreditavam nas teorias da conspiração que circulam à solta na internet. Esse era todo o arsenal intelectual de que dispunham. Não liam jornais e pouco assistiam à televisão. Pessoalmente, acho, inclusive, que não estavam totalmente errados. Mas nada os diferenciava essencialmente dos outros rapazes da mesma idade, a não ser a grande amizade que os ligava desde sempre e que explicava não terem partido sozinhos, mas juntos.

Não identificamos "sinais de radicalização religiosa", como dizem os jornais. Não vi mudanças no comportamento deles. Os três haviam começado a se questionar sobre a religião na adolescência. Faziam suas orações. E era verdade que os três, que eu chamava de "os meninos", pareciam mais satisfeitos de estar na companhia uns dos outros do que na companhia de moças. Preferiam apertar minha mão, em vez de beijá-la — mas não eram os únicos. Frequentavam com regularidade uma mesquita próxima. Nada mais. Nada de discursos agressivos. Nada de propaganda. Nada de arroubos políticos. Não usavam barba nem vestiam *djellabas*, sempre com os mesmos abrigos esportivos surrados, as mesmas calças jeans e os mesmos blusões que os amigos. Muitas vezes havíamos conversado sobre religião, pelo menos desde a minha conversão, e eu tinha certeza de não serem fanáticos. Comentávamos, como em uma espécie de debate, às vezes até com brincadeiras, algumas suratas. Não se comportavam como se fossem donos de uma verdade superior.

Lembro que um dia Idriss disse, a outra funcionária e a mim, em tom de quem se gaba, que nunca compraria uma máquina de lavar louça quando se casasse, pois a mulher lavaria os pratos. É claro que era para nos provocar, e respondemos, no mesmo tom, que quando ele crescesse descobriria quem de fato manda na casa. Idriss tinha 23 anos, e nunca havia tido uma relação duradoura com uma moça. "Quando estiver casado, aposto que se eu passar à noite em sua casa é você quem vai estar com as mãos na pia", debochei. E continuamos a rir por algum tempo. Até hoje não acredito que ele pudesse estar falando sério.

Outros detalhes, no entanto, voltam à memória. Idriss — sempre ele, pois era quem se expressava melhor —, frequentemente, se opunha à dança. Em geral, eu reagia, e ele se desculpava, dizendo que era brincadeira. Hoje em dia tenho minhas dúvidas.

Quando as famílias avisassem à polícia, não seria mais possível voltar atrás. Os três seriam fichados pelos serviços de segurança e, se voltassem — que é o que todos pedem —, seriam interrogados e presos por no mínimo vários meses. As mães se preocupavam. Ao mesmo tempo, como os meninos eram franceses, havia quem achasse que o governo poderia tentar levá-los de volta, quando fosse avisado.

Tão bons meninos, tão atenciosos! Não era possível, alguém devia ter feito a cabeça deles. Tinham tudo na França: trabalho, carinho da família, estavam começando a vida. O que dera neles para jogar fora tudo isso e ir para um país estrangeiro, um país em guerra? Os pais não compreendiam, e se culpavam. No entanto, percebi que vários dos irmãos mais novos, apesar do choro, tinham orgulho daquilo que consideravam uma iniciativa corajosa deles. Coisa da idade, é claro.

— Mas o que é isso? — revoltou-se Julien quando contei o acontecido. — Vontade de aventura? Tédio? Será uma espécie de Guerra Civil Espanhola para eles? Poderiam ter escolhido outra causa!

— Qual?

— Não sei! Tem um monte. Os órfãos na Guatemala, os refugiados...

— E quem é você para julgar quais são as boas causas e as más?

Nem sei por que entrei na discussão. Nem acreditava tanto no que dizia. Mas quis, não sabia por qual motivo, defender os três meninos de Julien.

— Meninos? Você fala como se fossem crianças.

— São crianças.

Julien não respondeu.

As famílias, finalmente, aceitaram a evidência. Não se tratava de um erro, nem de um capricho. As páginas deles no Facebook estavam inativas, assim como os números dos celulares. Os meninos não voltariam. Cada casal se dirigiu à delegacia para registrar, de coração partido, a fuga do filho querido para o *jihad*. Não imagino dor maior para os pais do que tal iniciativa. A polícia, então, vai ao apartamento de cada família para fazer investigações, apreende os computadores. Nada de muito concreto se tira disso. Todos os rastros haviam sido apagados.

A longa espera teve início. As famílias não paravam de rezar, esperando que numa bela manhã os filhos pródigos retornassem, envergonhados e com o rabo entre as pernas. Ah, a bronca que levariam! As mães repetiam isso sem parar, enquanto os pais guardavam silêncio, pessimistas, e os menores continuavam a se gabar, mostrando no celular as mensagens chegadas da Síria; "Olha só, cara!" O ambiente era o de famílias enlutadas, algo que eu conhecia bem. Vi a mãe de Mohammed definhar, sem dormir e sem comer. Ia visitá-la sempre que podia, à tardinha, ao sair do trabalho. Às vezes, levava alguma coisa que cozinhara na véspera. Sentava-me no sofá a seu lado e a ouvia desfiar as lembranças guardadas da infância do filho. Como era sossegado, no maternal. O professor dissera que tinha o perfil de um bom aluno. E uma vez até chegara chorando porque tinha apanhado no recreio. Não era tão desenvolto quanto os outros garotos, e na educação física nunca conseguia subir até o alto da corda, o que o envergonhava muito. Idriss, no entanto, era bem mais esportista, e sempre o ajudava. Ela esperava que não o machucasse e que o filho também não machucasse ninguém. Esperava que se mantivessem sempre juntos, os três amigos se protegendo mutuamente. Idriss e Souleymane tomariam conta de Mohammed. Mas ela não conseguia entender que ele pudesse ter feito algo assim. Andar armado? Juntar-se a um exército? Ir para a guerra? Era inimaginável. Ele, que sempre carregara as sacolas de compras. Ele, que protegia os menores. Ele, que era tão gentil!

E a mãe voltava a chorar, inconsolável. O que ela deixara escapar? O que poderiam ter feito para os filhos partirem daquela maneira?

5

Aliciada

Em uma noite de dezembro, já me preparando para ir deitar, recebi uma ligação pelo Skype no meu celular. Um número restrito. Atendi.

— Adivinhe quem é — disse uma voz de menino.

Não fazia ideia e não estava de bom humor. Havia operado as amídalas naquele dia e não estava com a mínima disposição para brincadeiras.

— Não sei, e se não disser, vou desligar.

— Sophie, sou eu, Idriss!

Foi como tudo começou.

No início, Idriss queria apenas notícias de sua família. Agradeceu o meu envolvimento. Não procurei esconder que a mãe dele estava péssima. A irmã menor, de apenas 7 anos, também fazia perguntas sem parar. Tivemos uma boa primeira conversa. A voz dele era a mesma, o mesmo humor, o diálogo fluía com facilidade. Imaginei inclusive que poderia, se tudo corresse bem, convencê-lo a voltar. Com algum esforço, poderia conseguir o que a família, envolvida demais emocionalmente, não conseguira. Começamos a conversar regularmente.

Ele não voltaria atrás, logo me dei conta disso. O que primeiro vi como egoísmo começou a se revelar sob outro aspecto. Idriss havia feito uma escolha para a sua vida, maduramente pensada, e não se deixaria convencer por chantagens emocionais. De início, em nossas conversas, mantive o tom de irmã mais velha, condescendente, que sempre mantivera com eles. Eram meninos, poderiam ser, não meus filhos, mas irmãos menores, sobrinhos ou sobrinhas. Nunca haviam me impressionado muito, sempre os vira com superioridade, ainda que com carinho. Agora, sem que eu percebesse como, isso pouco a pouco mudava. Idriss tivera uma experiência que eu desconhecia, que o fizera crescer. Tirara disso uma segurança sem agressividade. Ouvia-me como sempre o fizera. Lamentava a tristeza que causara à família, isso ele não negava. No entanto, era um mal pelo qual precisava passar, como se estivesse a serviço de uma causa mais nobre, tendo que aceitar sacrifícios.

Nunca nos referíamos diretamente a essa causa.

Souleymane e Mohammed começaram a me escrever também. Assim como para Idriss, tornei-me para eles a intermediária junto às suas famílias. Atendendo ao pedido deles, tentava tranquilizá-las com informações positivas. Não me dava conta de estar participando de um sistema de propaganda bem-treinado.

"Imagine como foi difícil, para nós, esconder a decisão de partir", disse Idriss. "As últimas semanas foram um inferno. Muitos desistem nesse momento. Nós aguentamos firme."

Um dia, a mãe de Mohammed tentou o suicídio.

A filha, Ouafia, foi quem a encontrou desmaiada no banheiro. Tomou todas as pílulas para dormir receitadas pelo médico, que ela fora consultar quase que à força depois da viagem do filho. Ouafia chamou o socorro médico, que agiu bem rapidamente. Depois de uma lavagem estomacal, ela foi hospitalizada, e sua vida foi salva.

Para que aquela mãe de sete filhos chegasse a pensar em tirar a própria vida, concluía-se que, realmente, tinha perdido toda a esperança. Já tranquilizada quanto à sua recuperação, enviei uma mensagem curta a Mohammed. E esperei. Se a notícia não o trouxesse de volta, nada mais o faria.

Meu telefone permaneceu mudo por vários dias. Imaginei que ele estivesse sendo preciso digerir a notícia. E, então, comecei a me preocupar. Teria acontecido alguma coisa com ele?

Depois, na noite do quarto dia, estas poucas palavras aparecem em minha tela: "Que Alá a perdoe. Diga a ela que a amo."

Eles não voltariam.

As conversas retomaram o seu ritmo. Por ser uma pessoa bastante reservada, não estava acostumada a falar de minha vida particular. Desde a infância cuidava dos meus problemas sozinha. O que havia mudado? Provavelmente a distância. Se Idriss estivesse à minha frente, com seu boné e calça jeans, eu não faria tantas confidências. Mas, no caso, tínhamos apenas a tela do telefone e suas respostas camaradas, sempre cheias daquele humor das comunidades, meio debochado, meio imaturo, que me faziam rir. Ele às vezes citava uma surata que tinha a ver comigo, me fazia pensar ou vislumbrar outra perspectiva.

Não havia me tornado uma fanática, mas o islã é uma religião que nos leva a refletir sobre as dificuldades triviais do cotidiano. Ajuda a entender melhor as coisas.

Eu não havia me dado conta do quanto me sentia só. Manter minha conversão quase em segredo contribuíra para que se abrisse um fosso entre os outros e eu. Julien estava distante das minhas preocupações. Os colegas da casa de bairro, com os quais sempre me dera bem, não se interessavam por religião. A nova Prefeitura, pelo contrário, estava preocupada, cheia de suspeitas e desconfiança. Tinha a impressão de que, se eu mencionasse minha conversão, me olhariam de forma enviesada. Com a minha família era ainda pior. Eram católicos tão fervorosos que dizer que me tornara muçulmana seria uma espécie de eletrochoque.

Idriss, Souleymane e Mohammed sabiam de minha conversão, e isso já era o suficiente para deixá-los mais próximos de mim do que qualquer outra pessoa. Mas eu pensava conhecê-los melhor do que eles a mim. Eu achava que controlava a situação.

Nossas conversas se tornaram cada vez mais pessoais. A eles eu podia falar das dificuldades no trabalho. Era fácil, o assunto vinha naturalmente. Conheciam o local, lembravam-se dos meus colegas. Sem dificuldade, imaginavam os problemas que eu enfrentava. Era muito natural. Era bom para mim poder confiar neles.

Pouco a pouco, as coisas foram ultrapassando o âmbito do trabalho. Não sei como, mas passei a abordar assuntos mais íntimos, dos quais, em geral, não falava com ninguém. Mais tarde, bem mais tarde, volto a pensar nisso, com tanta vergonha, que por muito tempo foi quase impossível admitir que eu me expunha àqueles meninos. Umas crianças.

Eles, no entanto, compreendiam. Conheciam a sensação de vazio que me assolava. A sensação de desperdício. Por isso haviam partido, afirmavam. Não sou a única. Há algo a se fazer no mundo. Uma causa à qual se dedicar.

Uma causa que continuamos a nunca mencionar.

Começamos a falar da Síria.

— Você vai ver a beleza dessa cidade, Sophie. É uma coisa mágica.

— Mas e a guerra, os bombardeios?

— Tudo isso é bobagem. Não há bombardeios em Raca. A situação é completamente estável. A cidade é muito bonita! Moramos em um apartamento grande, 120m², com duas salas. Você vai ver, Sophie, nem vai acreditar no que vê. As ruas são cheias de árvores floridas.

— Não vou ver, nunca irei por vontade própria a um país em guerra.

— A guerra é longe daqui. Nem escutamos os bombardeios. Não ouvi um tiro desde que chegamos. Nada. Não acredite no que dizem os jornais. Muçulmanos do mundo inteiro vivem em paz aqui. Realmente sentimos que servimos para alguma coisa. Somos úteis.

Falavam do hospital para mulheres.

— Muitas famílias fugiram por causa da violência de Bashar, o presidente sírio. Falta gente nos hospitais. No grande hospital para mulheres, em Raca, que trata de sírias de todos os lugares, do interior etc., muitas estrangeiras vieram ajudar, mas não em número suficiente. Na maternidade, há uma quantidade enorme de nascimentos, mas não há ajudantes para as mães.

— Não sou médica.

— Precisam não só de médicos e enfermeiras. Faltam mulheres de boa vontade para ajudar as pacientes, para cuidar dos recém-nascidos. Há enormes necessidades aqui.

Imagens se formam em minha cabeça. Crianças sírias brincando em um parque para esquecer um pouco dos horrores da guerra. Um grande hospital e eu, lá dentro, segurando a mão de uma mulher acamada.

Preciso me sacudir. Cada vez mais tinha a impressão de estar sonolenta, confusa. A depressão revirava minhas percepções. Minha sensação era a de viver em uma bolha, protegida, me afastando do mundo sem que ninguém percebesse. Guardo esse segredo, cada vez mais precioso: agora me comunico diariamente com meninos que fugiram para um país em guerra.

— Há tanto a ser feito aqui. O povo sírio sofre. Há falta de pessoal. A vida é difícil para alguns.

— Mas e as mulheres? Dizem que são maltratadas, apedrejadas.

— Sophie, tudo isso não passa de propaganda enganosa. Foi em Kobane, não aqui. Acha que ficaríamos se víssemos mulheres serem apedrejadas? Acha mesmo que eu aceitaria algo assim?

Sei perfeitamente que não. Idriss, bom filho, irmão protetor, bom menino que jamais apoiaria horrores semelhantes.

Os meninos enviam fotos deles em restaurantes ou fazendo palhaçadas. Eram realmente como fotos de férias. Não sabia o que eles faziam durante o dia, imaginava que estivessem em contato com a população. Nunca se falava de política, nunca os ouvira elogiar o Estado Islâmico. Não conhecia bem a situação local. Para mim, o Estado Islâmico lutava contra a tirania de Bashar al-Assad, e não contra combatentes sírios. Ignorava a presença de outros grupos e não compreendia que o Estado Islâmico era formado por combatentes estrangeiros, se opondo também aos rebeldes.

Idriss foi o primeiro a me falar do sistema de convites. Pensava em chamar o pai, para mostrar que tudo estava bem com ele. Queria que fosse conhecer a cidade, que constatasse o luxo em que ele vivia, podendo assim tranquilizar a mãe. A ideia se fixa em minha cabeça.

O processo todo foi estranho e repetitivo. Mantendo-me na conversa, ouvia o que diziam, e acreditava. Estava na base da troca de informações, afinal de contas. Quem mais sabia tanto quanto eu? Quem mais tinha um contato em plena Raca, com quem poderia se corresponder tão regularmente? Sentia-me escolhida, importante, gostava da ideia de ter acesso àqueles dados.

Mas, antes e depois, assim que a conversa se interrompia, minhas preocupações e dúvidas voltavam à tona. A Síria era um país em guerra, não havia como negar. Se bombas não caíssem ainda em Raca, nada garantia que a cidade continuaria sendo poupada.

As palavras e as imagens se embaralhavam cada vez mais.

Eles me enviavam fotos do apartamento, do parquinho do prédio, onde se viam crianças brincando, e outras fotos, de um grande rio, de um azul deslumbrante, que agora sabia que era o Eufrates.

Quem mencionou a minha ida? Acho que ninguém. A ideia não se formulou de maneira clara, mas simplesmente foi se tornando aceitável. "Você vai ver, Sophie, vai comprovar que não estamos mentindo", "Quando visitar nosso apartamento, não vai acreditar no que vê. É um luxo!", "Aqui, no hospital das mulheres, você realmente vai ser útil. Acredite, não vai se arrepender".

Já fazia seis meses desde que eles tinham partido, três, desde que passáramos a nos corresponder cotidianamente, quando comecei a pensar em detalhes práticos para a viagem.

— Poderia ir por um mês?

— Claro, teríamos que pedir um visto especial, já que viajaria sem um homem.

Digo para mim mesma que, com isso, eu poderia aprender árabe. Seria mais ou menos como um estágio, uma imersão. Poderia ajudar pessoas que sofrem sob as bombas de um tirano.

A ideia foi ganhando espaço.

Na França, me via em um beco sem saída. A casa de bairro afundava devido a suas dificuldades. Nenhuma iniciativa nossa para reunir pessoas realmente gerava frutos; cada lado se manteve em sua posição. Não havia vontade de vida em comum. As pessoas se queixavam e sofriam, mas eu tinha a impressão de ser cada vez menos possível ajudá-las. Qualquer ideia gerava uma interminável sucessão de ações, de encontros com hora marcada e toda uma desanimadora papelada. Eu via os relatórios se empilharem nas escrivaninhas. Cartas de recusa não justificada chegavam. Não tinha mais energia para recomeçar tudo. Tudo regrado demais, difícil e lento.

Em casa, também não via saída para o casamento. Havia fracassado completamente. As sobrinhas estavam crescendo, logo não precisariam mais de mim, pois chegariam à adolescência: os amigos, os namorados, tudo isso seria o centro de interesse delas, e seria melhor assim.

Minha irmã e eu não nos falávamos muito, nunca coisas pessoais, mas nos mantínhamos próximas, instintivamente próximas.

Havia alguns anos fôramos juntas ao Congo. Era a primeira vez que eu voltava, desde a morte de mamãe. Tinha sido uma viagem intensa. Nossa casa, pela frente da qual passei, me pareceu ridiculamente pequena. Seria mesmo o amplo casarão organizado em torno de um pátio com árvores, que há 15 anos povoava meus sonhos? Não conseguia acreditar.

Encontrei pessoas da família que eu não conhecia ou não tinha voltado a ver desde que partira. As primas com as quais fora criada e que tinham se tornado grandes e corpulentas mulheres, com a língua solta, me receberam calorosamente, mas não tínhamos mais nada em comum. Elas me pareceram tão seguras de si e tranquilas, tão adultas! Sou e sempre serei a menininha órfã.

Quis ver a família de meu pai, que morava no Norte do país, mas um irmão dele, que encontrei em Kinshasa, me convencera a não ir. O Kivu do Norte, mesmo com guerra ainda não oficialmente declarada, atravessava um tumultuado e perigoso momento. Lamentava muito desistir do projeto. Depois, porém, muitas vezes pensei: é exatamente nesses lugares que se pode ser útil. E eu estava atolada ali, em uma periferia de Paris, com minha vidinha entediante, brigando para manter minhas aulas de zumba. Tinha mais o que fazer. O tempo passa, eu precisava ousar.

Sempre quis viajar para lugares complicados. Sempre quis ir na direção do risco, sair dos meus hábitos do dia a dia.

Tinha a impressão de só me restar Hugo. Era importante para mim que ele não crescesse considerando o conforto material um valor absoluto. Não queria que pensasse que o mundo inteiro era como o que ele conhece. Queria fazer de meu filho um homem do mundo, consciente de sua sorte e disposto a compartilhá-la. Não queria criar um burguesinho francês confortavelmente acomodado em suas certezas. Desde o início, antes mesmo de ter começado a formular de fato as ideias, era evidente que, não importava o que fizesse, Hugo estaria comigo. Estava fora de cogitação me separar dele.

Em janeiro de 2015, viajei sozinha para passar uma semana na ilha de Gorée, no Senegal, na casa da tia de Idriss, que eu havia ajudado quando ela fora ter filho na França. Foi uma viagem marcante. Fiquei muito impressionada com a Porta do Não Retorno, uma abertura em um muro que dava para o mar, pela qual os escravos acorrentados eram levados para sempre. A imagem se fixou em mim, alimentando a raiva e uma percepção do mundo que busca revelar sua profunda injustiça.

Quando voltei do Senegal, estava no ponto certo para virar de lado.

Cada conversa com os meninos acrescentava novos detalhes, coisas práticas que tornavam a viabilidade da viagem cada vez mais concreta. Eles solicitaram a disponibilização de um apartamento no mesmo edifício em que moravam. Hugo e eu poderíamos ficar nele. Entraram em contato com a responsável pelo hospital das mulheres, que confirmou precisar de pessoas disponíveis. Conheciam uma francesa que trabalhava lá e também não falava árabe. Mesmo sem que eu tivesse uma formação médica, haveria lugar para mim. Conseguiram meu visto de entrada, bastava que eu dissesse quando queria ir. Garantiam que seria para mim uma experiência muito forte. Não estavam errados quanto a isso.

Sequer pergunto como faria para entrar na Síria. Deixo tudo para eles resolverem. Apenas me dizem para pegar um avião até Istambul e que os avisasse ao chegar lá. Alguém da parte deles me contataria.

Como uma planta carnívora atrai o inseto até o seu alcance, antes de aprisioná-lo, os meninos removeram todos os obstáculos do caminho, e bastava, agora, que eu desse o primeiro passo para ser arrastada, irremediavelmente, até eles.

No entanto, demoro a comprar a passagem. Algo me faz protelar. A cada vez, adio a decisão. "Sophie, é a França, a vida moderna e egoísta que nos escraviza. Perde-se a energia vital vivendo dessa maneira."

Estavam certíssimos. Eu não tinha mais energia. Nada mais me estimulava. Somente a vontade de ser uma mãe exemplar ainda era capaz de me tirar da cama pela manhã para, mecanicamente, seguir a sucessão de ações cotidianas: tomar banho, me arrumar, acordar Hugo, servir o seu café da manhã, arrumá-lo, levá-lo à escola. Meu filho estava com 3 anos, na primeira fase do maternal. Estávamos somente os dois no apartamento, Julien saía cedo; éramos só nós dois na rua, no ônibus, nas calçadas. Nada mais me tocava. Todo mundo me parecia distante.

Há muito tempo eu havia aprendido a distinguir essa falta de prazer com a vida que às vezes tomava conta de mim. Logo, partir seria a única solução, e partir, para mim, significava morrer. Tentava me agarrar à lembrança de minhas sobrinhas, de Hugo. Estaria destruindo irremediavelmente suas vidas. Mesmo assim, a vontade de morrer me invadia. No passado, fizera duas tentativas. Desde então, aprendera a identificar os sinais que anunciavam aquele estado mórbido, mas não sabia como neutralizá-lo. Dessa vez a ideia de partir para a Síria se apresentava como alternativa à vontade de morrer. Ou, então, era o meio que eu havia encontrado para me matar.

Falo a Julien da minha vontade de ir à Turquia prestar ajuda humanitária em um orfanato e que desejo levar Hugo comigo, nas férias escolares de fevereiro.

Julien, muitas vezes, cuidava sozinho do filho. Estava cansado por conta da semana que os deixara sozinhos quando fui ao Senegal, e contava com isso para convencê-lo. Ele concordou, ressaltando que achava todo aquele projeto bastante confuso. Nada, porém, estava bem entre nós, e ele, provavelmente, vira com bons olhos o meu afastamento. Resolvemos então dar um tempo e ver, quando eu voltasse, como melhorar as coisas. "Quando eu voltar terei uma resposta", disse eu.

E não estava mentindo quanto ao essencial: precisava partir, me sentir útil e dar um sentido à minha vida.

Comprei a passagem para Istambul, com partida para 20 de fevereiro. Para a volta, marquei 10 de março, por questão de preço. Não chegava a completar um mês, mas os meninos disseram que pagariam a volta.

No entanto, ainda restavam dúvidas. Dizia a mim mesma que poderia desistir quando quisesse. Se tivesse algum pressentimento ruim, bastava voltar do aeroporto mesmo. Tudo bem. Seriam apenas duas passagens de avião desperdiçadas, havia coisas piores. Deixo para decidir na hora do embarque.

Isso ajudou a me tranquilizar.

O dia se aproximava.

Julien nos levou ao aeroporto. Tinha as feições tensas e parecia triste, mas nos mantivemos reciprocamente carinhosos. Por mais que tivéssemos nos afastado, nunca tínhamos deixado de nos amar. Hugo achava que estávamos saindo de férias. Minha irmã, também. Que sorte a dela, pensava minha irmã. Somente eu e os três meninos, a milhares de quilômetros dali, sabíamos a verdade.

Hugo e eu nos viramos para um último aceno ao pai, do outro lado da alfândega. Um pouco mais adiante, voltei a olhar. A alta estatura de Julien ultrapassava o amontoado de gente. Senti um aperto no coração, mas segui em frente.

6

A viagem

Era um voo para o desconhecido. Após uma escala em Kiev, o avião já se preparava para aterrissar em Istambul. Não sabia o que nos esperava.

Ao chegar, pego as bagagens e ligo para Idriss:

— Pronto, estamos na Turquia.

— Ótimo. Fique perto do portão de desembarque, alguém vai buscá-la.

Nem esperamos muito e um homem se aproximou e nos levou ao apartamento de uma família belga. Com algum distanciamento, imaginei que fossem pessoas de apoio ao EI, mantidas na retaguarda e servindo à logística do grupo. Mas pouco conversamos, e não tinha certeza alguma quanto às minhas primeiras impressões.

No fim de tarde do dia seguinte, a família belga nos levou à rodoviária, onde tomamos um ônibus para Sanliurfa. A viagem durou a noite toda. Várias vezes entrei em contato com Idriss, que me tranquilizou e me encorajou.

Hugo dormiu pesado no ônibus e precisei carregá-lo ao chegar. Ele já era grandinho, e o desembarque foi complicado. Aqueles primeiros passos na Turquia eram a imagem de tudo o que viria depois: havia carregado meu filho para uma aventura cuja responsabilidade era toda minha. Eu era o que restava para ele.

Em Sanliurfa um homem nos levou a uma casa perto da fronteira. Serviu-nos comida, bebida e, depois, nos deixou em um quarto, mas não conseguimos nos comunicar, pois ele falava apenas turco e árabe, sem nada compreender de francês ou de inglês. Procurei acalmar Hugo como podia.

52 A VIAGEM

O homem finalmente disse ser o momento de ir e me ajudou a carregar as malas por um campo de oliveiras. Não vi sinalização alguma, nem guardas ou torres de vigilância. Não sei quando exatamente atravessamos a fronteira. Apesar de oficialmente fechada, ela é bem permeável, e um comércio bastante intenso se mantém entre a Turquia e a Síria. Como logo me daria conta, nada falta no Estado Islâmico, e as lojas estão sempre bem-abastecidas. Encontra-se de tudo, principalmente marcas turcas de consumo corrente.

Com uns dez minutos de caminhada chegamos a uma pequena aldeia. Entre os casebres de agricultores, um veículo 4x4 nos aguardava. No banco da frente, dois homens trajados como perfeitos salafistas: uma espécie de camisolão de algodão que ia até os joelhos e calças bufantes à maneira afegã, com uma echarpe em volta do pescoço, cabelos e barba compridos. Um deles carregava uma metralhadora. Hugo e eu nos sentamos no banco de trás. O sujeito ao lado do motorista se virou e pediu, em inglês, nossos passaportes. Entreguei-os com a vaga sensação de estar me desfazendo de algo precioso. Na bolsa, guardei com todo cuidado meu *livret de famille*, o documento com todos os nossos dados pessoais.

O veículo arrancou.

Não sabia se os dois homens eram amigos dos meninos ou desconhecidos, simplesmente encarregados de nos buscar. Não fiz perguntas, e eles não falaram conosco. Andamos por várias horas, os dois conversaram em árabe, enquanto Hugo e eu nos mantivemos calados. Com curiosidade, eu olhava em volta. A paisagem era triste, uma extensa planície poeirenta, para além da qual eu imaginava algumas colinas baixas que uma vegetação pobre mal conseguiria cobrir. Começava a escurecer, Hugo cochilava nos meus braços. Em determinado momento, vi a carcaça de um avião militar, como para lembrar a guerra que assola a região. Mas foi só isso. Nenhum barulho de aviões ou de tanques. Não sabia exatamente o que esperava, mas estava bem agitada. E querendo chegar logo em Raca, estar com os meninos. Guardei para mais tarde minhas impressões.

De vez em quando olhava a arma que o dono não se dava o trabalho de ocultar. Era a primeira vez que eu via uma arma tão de perto. Esperava que não estivessem aguardando um ataque das tropas de Bashar. Em momento algum achei que poderiam ir contra o povo sírio.

Agora acordado, Hugo se mantinha calmo e atento, como se percebesse minha tensão. Segurava minha mão. No colo, tinha a mochilinha com suas coisas de estimação, carrinhos e um pequeno computador com desenhos animados.

Estávamos na estrada havia quase quatro horas. No final, coloquei para Hugo um DVD para ajudá-lo a passar o tempo. Ele estava cansado, era uma viagem longa demais para uma criança tão pequena.

A paisagem, antes desértica, se tornava mais verdejante à medida que nos aproximávamos do Eufrates e de sua parte mais larga, chamada pelo regime de lago Assad. Não fechei os olhos durante toda a viagem. Tinha todos os sentidos alerta, em estado de vigilância máxima.

Ao redor, surgiram os primeiros sinais de urbanização apareciam, e me endireitei no banco. Os arredores da cidade pareciam pobres. A quantidade de construções aumentava. Quando afinal entramos em Raca propriamente, me entreguei à contemplação da cidade. Meu coração batia forte. Os primeiros bairros pelos quais passamos, populosos e movimentados, não eram bonitos. Os pedestres enchiam as calçadas, algumas ruas estavam tão apinhadas de gente quanto em uma manifestação política em Paris. Crianças corriam por todos os lados. Havia carros, motos carregando, às vezes, vários passageiros, charretes de vendedores ambulantes, tudo misturado e em desordem. Era possível ver que alguns prédios haviam sido bombardeados ou tinham marcas de balas, mas vi principalmente, por toda parte, canteiros de obras. Os edifícios modernos, com alguns andares, tinham varandas em que se viam cartazes de propaganda em árabe, que eu não compreendia por meu conhecimento da língua ser ainda rudimentar. Alguns homens estavam vestidos como ocidentais — eram sírios —, e outros usavam roupas militares variadas, bege ou em tecido de camuflagem, com *cheches*, longas echarpes de algodão, em torno da cabeça ou do pescoço. Outros se vestiam como afegãos, com túnicas compridas por cima de calças saruel. Em sua maioria, eram combatentes estrangeiros. Vi poucas mulheres. Eram compridas silhuetas negras, não diferenciáveis, e que atravessavam a multidão como fantasmas.

Fiquei buscando detalhes, informações, e fiz toda uma ginástica visual para perder o mínimo possível. Em uma praça animada, o carro estacionou, e visualizei os meninos, que vinham em nossa direção. Idriss e Mohammed estavam com um terceiro rapaz, que eu não conhecia e que servia de motorista para eles. Corri até lá.

— Entre rápido, Sophie, você não pode andar assim por aqui. Obrigado, amigo.

Eles pegaram nossas malas e nos fizeram entrar no carro. Entramos no fluxo do trânsito.

— Não trouxe um *niqab*?

— Não achei que precisasse.

— Primeira coisa a fazer: vamos comprar um. Tudo aqui é bem restrito, não dá para sair sem um véu integral.

Prevendo minha chegada no centro da organização Estado Islâmico, eu havia amarrado em torno do rosto, assim que atravessamos a fronteira, uma echarpe que me cobria até os ombros. Os cabelos e o pescoço estavam inteiramente cobertos. Os meninos, no entanto, pareciam agitados.

Mas estávamos contentes de nos encontrarmos. Trocamos sorrisos e até rimos, emocionados. Sem nos tocarmos. Imaginei que as normas que regiam as relações entre homens e mulheres não permitissem. Mas a alegria que demonstravam não era falsa.

Paramos à frente de uma loja que parecia um bazar. Tudo que havia ali eram os trajes em conformidade com a lei, o *niqab*. Nada mais. Os comerciantes tinham se adaptado.

Mohammed entrou e levou um bom tempo lá dentro, enquanto eu conversava com Idriss bem na frente da loja. Mohammed saiu com uma sacola, que me entregou pela janela: "Pronto, vista pelo menos o véu, veremos mais tarde o resto."

Coloquei o véu superior, que parecia uma capa com um capuz, e os dois enfim se tranquilizaram.

Entramos em um bairro mais calmo, bem residencial. Os prédios eram amplos, cada um com um portão de ferro fundido. Não vi in-

NAS SOMBRAS DO ESTADO ISLÂMICO   55

dicação de nomes de rua, nenhuma placa. Será que o grupo Estado Islâmico as teria retirado por fazerem menção a personalidades do regime de Bashar? Não fazia ideia de onde nos encontrávamos. Mas via áreas verdes, pequenos jardins públicos, como os que tinha imaginado para levar Hugo. "Estamos chegando", pensei. As ruas eram mais calmas, o tráfego, menos intenso. Diminuímos a velocidade e o carro estacionou.

Desci, feliz por ter chegado, e vi uma cena que me impressionou:

Uma mulher, totalmente oculta por um véu preto, sem que fosse possível ver sequer seus olhos, e mãos enluvadas, andava ao lado de um homem de saruel. Caminhavam como um casal que passeia, normalmente, mas quando passaram por nós eu percebi que cada um carregava uma metralhadora pendurada nas costas. Espantadíssima, fiquei a olhá-los.

Era nosso primeiro dia em Raca, capital do Estado Islâmico.

7

Raca

O elevador não funcionava: os cortes de luz eram muito frequentes, e corríamos o risco de ficar presos, explicaram os meninos enquanto carregavam nossa bagagem até o terceiro andar. Abriram a porta de um apartamento e me entregaram as chaves, cuja cópia guardaram com eles.

Mostraram as dependências, orgulhosos como pavões, satisfeitos por terem conseguido me arranjar tal esplendor. Chamavam a atenção para alguns detalhes, que lhes pareciam sinais claros de riqueza: mosaicos nas paredes, duas máquinas de lavar (noto, sobretudo, uma bacia grande ao lado, me fazendo pensar que é manualmente que a coisa em geral se passa), tapetes persas, o tamanho da tela da televisão. O apartamento era luxuoso, no estilo oriental, meio entulhado e antigo que parecia ainda vigorar. Eu os fui seguindo, balançando a cabeça, cansada, mas também impressionada. Nunca imaginara que fosse ter direito a um apartamento como aquele.

Agora que estávamos sob um teto, eles tinham relaxado e eu voltara a vê-los irônicos e afetuosos, como antigamente. Pouco a pouco também fui relaxando.

— Por que não me avisaram sobre a travessia da fronteira?

— E o que você esperava? Oficialmente, a fronteira com a Turquia está fechada. Os bons pontos de travessia mudam o tempo todo. Antes, era mais para o lado de Kills. Agora, é Sanliurfa. De qualquer maneira, não é aconselhável passar informações demais pela internet.

Souleymane chega, trazendo o jantar. Para agradar Hugo, escolhera batatas fritas e hambúrguer.

— Como vê, nada nos falta aqui — disseram eles, contentes.

NAS SOMBRAS DO ESTADO ISLÂMICO   57

Depois, se retiraram, para que descansássemos. Fui lentamente
de um cômodo a outro. Peguei as roupas que Mohammed havia
comprado para mim e deixei-as no sofá. Havia um vestido amplo
e longo, sem gola, de mangas compridas, chamado *abaya*. Era feito
com um tecido grosso. Por baixo, usavam-se as roupas de sempre.
Por cima, colocava-se uma grande capa, cobrindo os cabelos e o
pescoço, caindo pesadamente até as nádegas. Foi a que usei no
carro. Tinha a função de ocultar, o máximo possível, as formas do
corpo. Acrescentava-se, em seguida, um outro pano, que cobria
a testa e o queixo, descendo até abaixo dos ombros. Depois, o
véu propriamente dito, escondendo totalmente o rosto, inclusive
os olhos. O sistema funcionava com um engenhoso conjunto de
fios e velcro que controlava duas camadas de algodão fino. Com a
primeira, podia-se ainda vagamente distinguir as coisas em volta,
como quando se observa o mundo através de um tecido meio frouxo.
Com a segunda, não se via mais nada, a menos que se estivesse sob
forte claridade. Era um mergulho na noite. A regra era manter os
dois véus abaixados.

Para completar o traje, luvas pretas. Os pés também não deviam
aparecer, e as sandálias não eram toleráveis para as mulheres, a não
ser que fossem usadas com grossas meias pretas.

Pensativa, contemplei tudo aquilo. Tinha, é claro, achado que
precisaria me cobrir, mas jamais imaginara que seria daquele jeito.

Pelas janelas eu ouvia o ruído da cidade. Cada uma tem o seu
próprio. De repente, veio a chamada para a última reza; a voz dos
imames encheu o espaço da noite, se sobrepondo a todos os outros
sons. Dei um suspiro e pensei: "Em Roma, faça como os romanos."
Se fosse preciso me cobrir para ajudar uma população, faria isso.
Esqueceria os meus escrúpulos. Seria como um disfarce nas poucas
semanas que ficaria ali.

Hugo dormia, esgotado, e eu percorri em silêncio cada cômodo.
O apartamento era um tanto grande demais para nós. Os meninos
tinham dito que o sublocaram de uma família síria que fora para a
Turquia acompanhar o tratamento de um filho. Não sabia se acreditava naquilo. Eram muitos os sinais de uma retirada às pressas. Havia

comida na geladeira, embalagens abertas e que haviam perdido a validade há não muito tempo. As camas não tinham sido arrumadas, como se os moradores fossem voltar à noite, após o dia de trabalho. Na mesa da cozinha havia algumas migalhas de pão. Aqueles cômodos vazios pareciam conter ainda uma energia sombria, como se guardassem o murmúrio de conversas interrompidas. Parei por um momento na entrada dos quartos das crianças. Viviam ali duas, um menino e uma menina. Repletos de brinquedos educativos e de animais de pelúcia, eram alegres e bem-arrumados. Os brinquedos estavam dentro de baús. Um mapa-múndi em inglês estava preso com tachinhas na parede do quarto do menino. Eram quartos normais, quartos de crianças sem maiores complicações e atropeladas pela guerra. Meu peito se comprime com a ideia de que aquelas crianças talvez estivessem perdidas por aí, em estradas, e fecho a porta. Uma estranha sensação toma conta de mim, um zumbido se intensifica em minha cabeça.

Deixei Hugo em uma saleta com decoração oriental. Havia uma segunda sala, mais luxuosa, com decoração ocidental. Mas me parecia grande demais e fria. Naquele quartinho em que Hugo já pegara no sono, colchões de espuma empilhados junto às paredes serviam de sofás. Uma mesinha baixa e bem grande ocupava o centro. De um lado, uma televisão. Era onde passaríamos a maior parte do tempo, eu já podia prever. A salinha era pequena e acolhedora, graças aos panos e às almofadas que cobriam os divãs. Em uma ponta da mesinha coloquei o material de colorir e os carrinhos do meu filho. Na outra, poderíamos fazer as refeições. Coloquei lençóis limpos em dois dos colchões. Seria nosso lugar para tudo.

Um corte de luz ocorreu bruscamente, mergulhando Raca na escuridão. Deitei-me junto de Hugo e fechei os olhos.

No dia seguinte, não saímos. Preferimos nos ambientar. Hugo brincava tranquilamente em nosso quartinho, enquanto eu fazia uma limpeza geral. Limpei os armários de cima a baixo, afastei algumas coisas para poder arrumar nossas roupas nas prateleiras. Recolhendo uma pilha de vestidos da dona da casa, me senti pouco à vontade,

NAS SOMBRAS DO ESTADO ISLÂMICO

com a impressão de ser uma intrusa. Se ela voltasse, gostaria que encontrasse tudo em ordem.

A cozinha tinha uma varanda. Hugo e eu fomos até lá para ver a cidade. O céu estava azul e limpo, sem uma nuvem, mas a claridade era invernal, bem esbranquiçada. Enquanto o sol brilhava, a temperatura era agradável, mas, assim que ele começava a se pôr, um frio insistente se espalhava.

Hugo ficou felicíssimo ao descobrir uma gaiola em que saltitavam uns canarinhos, e a levamos para a varanda, ao ar livre. Ele se sentou no chão, de pernas cruzadas, encantado com as cores e a graça dos passarinhos. À exceção dos pombos parisienses, ele nunca havia visto outros pássaros tão de perto. Ficamos ali vendo-os esvoaçar e os ouvimos cantar. Não sabia quem os tinha alimentado até então. Enchi de água o recipiente e coloquei mais grãos.

A vista da varanda era magnífica. A cidade se estendia até o horizonte, sem construções muito altas. Se cada cidade tem uma cor, diria que a de Raca é o amarelo. Veem-se esparsos tufos de vegetação, mas nada de árvores frutíferas. Sorri me lembrando de mais essa fanfarronada dos meninos. Era típico deles melhorar a realidade.

O celular não pegava, sem sinal. Não havia telefone fixo nem computador no apartamento. Os meninos aconselharam que eu não saísse sozinha, pelo menos por algum tempo. Quando eles viessem mais tarde, veriam como eu poderia me comunicar com o exterior.

Enquanto isso, continuava a faxina. Fechei com todo cuidado o quarto dos donos da casa e os das crianças. Só em nossa salinha da televisão eu me sentia mais à vontade.

Arrumei, na entrada, sacolas com roupas que já não cabiam em Hugo e remédios que levara da França para doar.

Depois do almoço, que fora preparado como foi possível, Hugo pediu para ver televisão, mas não consegui fazê-la funcionar.

— Em vez disso, posso colocar um filme no computador.

— Está bem, mamãe... Põe *Carros*.

— Mas você já o viu dez vezes!

Eu havia levado um HD externo com filmes para Hugo e séries para mim. Enquanto ele assistia ao desenho animado, eu prestava atenção nos ruídos do prédio. Logo em seguida ouvi uma correria na escada e vozes claras e alegres de crianças. Não entendia o que diziam, mas supunha, ouvindo também as passadas mais pesadas de um adulto logo atrás, que saíam a passeio. A voz, provavelmente da mãe, pedia alguma coisa. Com um sorriso, imaginei o universal "Ei, menos barulho, com mais calma, crianças".

Pensar que uma família vivia no mesmo edifício me tranquilizou. Sabia tão pouco sobre o lugar em que estávamos que tirava tudo que podia da menor informação que conseguisse obter. Mais tarde acabei descobrindo se tratar de uma estratégia do grupo Estado Islâmico. Para evitar os bombardeios da coalisão, eles se espalham pela cidade, misturando-se aos sírios. Imóvel algum abriga somente combatentes estrangeiros. Aquelas famílias sírias haviam sido autorizadas a ficar porque a presença delas protegia os estrangeiros, como os meninos e eu. Serviam de escudos humanos.

— Vamos sair para passear, mamãe? — pediu Hugo, terminado o filme.

— Ainda não, hoje não. Passeamos amanhã.

Passo bastante tempo brincando com os carrinhos com ele, para que não fique entediado. Sou o seu único amigo ali.

No fim do dia, três batidas rápidas na porta, seguidas de três outras, mais lentas. Era o sinal que os meninos e eu combináramos. Eles tinham me aconselhado a não abrir para mais ninguém.

Corri à porta, doida para ter alguma companhia, informações, um adulto com quem conversar. Hugo também ficou contente. Tinham levado comida. Batatas fritas de novo — precisava achar onde comprar verduras — e um frango do tipo KFC. Hugo adorou, claro. Sentamos na sala e jantamos os cinco. Os meninos eram exatamente como eu me lembrava: protetores e gentis. Diziam que estavam com meu passaporte, mas que precisavam dele por enquanto, para as formalidades de circulação. Concordei, sem saber muito o que eles entendiam por isso.

— E quanto ao dinheiro? Como vou fazer para as compras etc.?

— Já falamos, Sophie. Você aqui não precisa de dinheiro. Somos pagos pelo governo, como todos os estrangeiros. Temos dinheiro suficiente para você e para Hugo. Cuidaremos de tudo, não se preocupe.

Perguntei o que faziam durante o dia.

— Trabalhamos para o governo — foi a única resposta que conseguiram dar.

Eu não sabia se não confiavam em mim ou se seguiam instruções de sigilo, mas senti as reticências e não insisti. Tive a impressão de que Souleymane, que sempre fora meio gorducho, havia emagrecido, e pensei que devia fazer algum trabalho físico ou, então, seguir algum treinamento militar. Mas desisti de fazer perguntas. Silêncio e discrição pareciam ser a norma. Estavam vestindo um camisolão *kami* por cima de uma saruel. Tinham deixado crescer os cabelos, no estilo usado pelos membros do Estado Islâmico, assim como a barba, cuidadosamente aparada, pois o Corão exige que os pelos do rosto não toquem os lábios.

Sabia, também, que tinham armas, como todos os estrangeiros. Mas, em geral, quando iam ao meu apartamento, deixavam-nas em casa.

Tudo correu bem durante o jantar. Constatei que se mostravam um pouco reticentes quando eu dava notícias das suas famílias. Não as pediam e não faziam perguntas. Ouviam educadamente, concluíam minhas frases com um "Louvado seja Deus" ou "Que Deus os abençoe" e depois mudavam de assunto. Para mim mesma digo que talvez ainda seja um assunto doloroso demais, que prefiram pensar em outra coisa, mas isso me perturba. Idriss não faz perguntas sobre a mãe, e isso me deixa mal, pois a pobre mulher definha a olhos vistos desde que ele veio embora.

Eles se ofereceram para me levar no dia seguinte ao hospital em que eu esperava trabalhar. Dei-me conta da barreira da língua, não tinha mais certeza de poder ser útil.

— Quase ninguém aqui fala árabe, somente os sírios, e você não deve ter contato com eles.

— É o que desejamos a você, pelo menos...

E caíram na risada, como se tivessem contado uma boa piada.

— Por que não terei contato com os sírios?

— São esquisitos. Nunca vi gente tão suja.

— Você vai ver, são uns idiotas! — concluiu Idriss.

Eu não conseguia acreditar no que estava ouvindo.

— Estão parecendo turistas franceses de férias no exterior, achando as pessoas da terra sujas e preguiçosas! Não perceberam?

Um sorriso amarelo serviu de resposta. Idriss voltou ao assunto:

— Falando sério, é preciso tomar cuidado com os sírios. Entre eles há espiões, informantes de Bashar. E não esqueça que é uma mulher sozinha aqui. Pode encontrar sujeitos mal-intencionados. Sabe, até o EI assumir o controle da cidade isso aqui era um enorme bordel.

Ele contou que eram muitas, anteriormente, as casas de prostituição, pois havia uma base militar nas proximidades de Raca. Era um desregramento só, concluiu ele, totalmente sério.

Mohammed preferiu mudar de assunto.

— Com relação à língua, em todo caso, não se preocupe. É só ver, Souleymane e Idriss também não falavam árabe quando chegaram, e não houve problema. Muitos combatentes estrangeiros falam francês. Há muitos franceses e outros que vêm do Marrocos ou da Argélia. Além disso, com um pouco de inglês você vai poder se virar. Garanto, é uma verdadeira Torre de Babel, só que todo mundo se entende.

Balancei a cabeça. Veremos.

Os meninos se retiraram para que eu pusesse Hugo para dormir. Como novamente falta luz, não tenho muito o que fazer. Acabei me deitando também e dormi logo, um sono profundo.

8

A fábrica de bebês

No dia seguinte, Hugo e eu fomos acordados bem cedo; primeiro, pelo canto dos passarinhos mais matinais e, logo depois, pelo muezim, o criado responsável da mesquita por conclamar os fiéis para as preces da manhã. Não sou de rezar, pelo menos não cinco vezes por dia. Rezo quando sinto necessidade. Enquanto o imame canta, esquento o leite para Hugo e o café para mim. Ele continuava embaixo das cobertas, pois a temperatura caíra durante a noite. Precisava que me explicassem como funcionava o aquecimento a diesel que estava no lugar do elétrico.

Tomamos nosso café colados um no outro, em silêncio, vendo se espalhar a rosada claridade da manhã, que lentamente invadia a saleta.

Depois, me arrumo. Pela primeira vez eu vestiria o que a partir de então seria o meu uniforme, e com o qual não conseguia me acostumar muito bem. Eu sabia perfeitamente que teria que usar um *niqab*, mas achava que as extremidades, isto é, rosto, pés e mãos, ficariam livres e visíveis. Mas o *niqab* impede isso.

Vesti-me, então, primeiro, normalmente, com algo leve e confortável, e compridas meias pretas. Depois passei para o *abaya* e a capa. Sentado no sofá, Hugo me observava com atenção.

— Mamãe está se fantasiando de Batman — disse eu, tentando distraí-lo.

— Posso me fantasiar também? — A pergunta de Hugo me fez sorrir e acabou com o mal-estar que eu sentia.

Acrescentei o capuz e, em seguida, o véu. As duas camadas juntas me deixaram em completa escuridão. Tirei uma. Tudo bem, vamos ver como as coisas se passam. Até lá, prefiro saber onde piso.

Faltavam só as luvas e, depois, as sapatilhas. Estava pronta.

As três pancadinhas soaram na entrada, os meninos tinham chegado.

Somente Mohammed e Idriss. Souleymane, como no dia em que cheguei, não estava com eles. Então partimos.

Que estranha é a sensação de andar pela rua sob o véu preto! Eu me sentia escondida, mas, ao mesmo tempo, como se todos olhassem para mim. Por outro lado, havia o prazer quase agradável de ver sem ser vista, misturado ao abafamento, tanto psicológico quanto moral, por me sentir tão entravada, submersa. Logo nos primeiros passos tropeço e quase caio de cara no chão.

— Vou tirar esse negócio, não estou vendo nada!

— Não faça isso, Sophie, por favor. Tem polícia por todo lado.

Irritada, desisto da ideia. Hugo dá a mão a Mohammed. Ando um passo atrás, observando as ruas com curiosidade, como podia, através dos panos. Era um bairro rico. As varandas tinham plantas, as calçadas eram largas e limpas. Na rua, todas as mulheres usavam *niqab*. Algumas se davam o luxo de alguma cor, mas a maioria estava de preto. Muitos homens e algumas mulheres andavam armados, com os fuzis atravessados nas costas. Eu fazia perguntas em voz baixa aos meninos.

— Quem são essas pessoas?

— Combatentes estrangeiros.

No EI, todos os combatentes estrangeiros, qualquer que seja a sua posição, andam armados — por outro lado, pouquíssimos sírios têm permissão para isso. Esses estrangeiros que andam com arrogância no meio da calçada, como se a rua fosse deles, pareciam mais uma tropa de ocupação do que qualquer outra coisa.

Vi vários veículos com homens vestidos de preto dentro. Como carros de polícia em ronda, andavam devagar, à caça.

— São as patrulhas do Estado Islâmico, a milícia. Verificam se está tudo em ordem.

Os meninos pareciam ter se integrado bem. Por duas vezes eles cumprimentaram outros combatentes, em francês, com os quais trocaram algumas palavras. Não me apresentaram e ninguém me dirigiu diretamente a palavra. No espaço público, eu não existia.

Eles, então, me deixaram na porta do hospital: era uma maternidade, apenas as mulheres estavam autorizadas a entrar. Entro sozinha, preocupada, intimidada. Ali era onde toda aquela minha viagem ganharia sentido; tinha muita expectativa a respeito do que aconteceria em seguida.

O hospital era grande, atulhado, e não muito limpo. Lá dentro, as mulheres tiravam o véu do rosto, e assim que pude fiz o mesmo. Respiro. Por mais que repetisse para mim mesma que poderia aguentar o *niqab* se isso me ajudasse a cumprir a missão a que me propusera, era difícil. Convenço-me de que é apenas uma roupa, não a minha identidade. Nem pode também ser a delas, penso, olhando o ir e vir de todas aquelas mulheres no hospital. Sinto-me mais tranquila achando-as bonitas, maquiadas, cuidadas. O *niqab* era o meio que eu tinha para entrar em contato com aquela população tão necessitada de ajuda.

Fui recebida por Oum Aisha, uma inglesa bonita. Seu nome significava "mãe de Aisha", por causa do nome que dera à primeira filha. Ali, meu nome era Oum Hugo. Pude ver que não era uma muçulmana de nascença, era uma convertida. Mas vivia em Raca havia muito tempo, subira na hierarquia do hospital e uma das moças cochichou que ela era uma das mulheres do emir. Era muito difícil — para uma mulher, principalmente, mantida longe das decisões e até das simples informações — compreender a organização do Estado Islâmico. Um emir é um chefe, há um para cada província do EI. São também chamados *walis*. Nunca verei o marido de Oum Aisha.

Ela me pediu que a acompanhasse para que eu conhecesse o hospital. Falamos em inglês. Contou, para me tranquilizar, que não era enfermeira de formação e que aprendera na prática. Constatei que aplicava injeções e fazia todo o necessário, sem se preocupar muito com a delicadeza, por sinal.

O que eu vi me deixou com uma impressão ambígua. Tinha a sensação de visitar uma fábrica de bebês, dessas imaginadas por alguma mente doentia, um delírio de algum filme de ficção. Todas as mulheres, independentemente de seu quadro clínico, faziam o parto por cesariana. Sem nenhuma outra justificativa além da maior praticidade para a equipe médica. As condições da hospitalização estavam longe de serem adequadas, e o acompanhamento era quase inexistente. Por exemplo, não havia visita do anestesista, nem exame prévio: todas recebiam a mesma dose. Na enfermaria, vi uma jovem mulher quase em coma, saindo com dificuldade do sono artificial, enquanto um bebê todo embrulhado berrava no berço ao lado. Os cuidados médicos eram oferecidos a preço módico para as sírias — e gratuitos para as estrangeiras —, e as mulheres que iam se tratar, em sua maior parte, eram camponesas pobres das redondezas, provenientes das tribos da região. Frequentemente muito jovens, recebiam poucas visitas, pouco apoio. Fiquei abalada com os bebês, chorando por todo lado. Parecia uma fazenda de criação de seres humanos, moderna pela técnica e arcaica pela maneira de agir. As sírias que têm dinheiro preferem ir às pequenas clínicas que ainda existem, onde os cuidados são de melhor qualidade.

Entre as estrangeiras que ali trabalhavam, havia egípcias, sauditas, tunisianas. A principal língua de comunicação era, evidentemente, o árabe, mas eu não era a única que não falava o idioma. Nesse ponto, os meninos não tinham mentido: muitas estrangeiras falavam francês, vindas da França, da Bélgica ou do Norte da África. E quando isso não bastava, passávamos para o inglês.

Mantenho-me bastante reservada ao sair da visita. Meu primeiro pensamento foi que eu não gostaria de ser tratada ali. Voltaram-me imagens da infância, quando acompanhava minha mãe ao dispensário que ela dirigia no Congo. A instituição era financiada pela Bélgica, com funcionários dedicados, mas me lembro, sobretudo, dos leitos metálicos soviéticos, dos dormitórios cheios, do material desgastado. Reconheci os mesmos cobertores de lã virgem cobrindo as mulheres que dormiam. Como em Kinshasa, eram velhos cobertores, raramente lavados. Em alguns deles, notei manchas de sangue seco ou de vômito. Parecia mais um hospital de campanha, montado com o que se tinha à mão, do que um estabelecimento digno de uma capital. O nível dos médicos era fraco. Não se praticava nenhum exame de sangue nas pacientes: nem para Aids, nem hepatite. As regras higiênicas básicas não eram respeitadas, e vi muitas mamadeiras pela metade, abandonadas a tarde inteira, com o leite coalhando e se enchendo de bactérias. Nuvens de moscas zumbiam ao redor delas.

Ao terminar a visita, fui buscar Hugo, que ficara na sala das enfermeiras, com seu computadorzinho. O desenho animado já havia terminado, e ele estava pronto para ir. "Ma'as salam", disse ele conscienciosamente, fazendo as mulheres — que haviam ensinado as palavras — rirem. Depois, saiu correndo ao meu encontro.

Saí da maternidade com o coração aos pulos. Tomamos sozinhos o caminho de casa, pois os meninos tinham avisado que não poderiam me buscar por causa do trabalho deles. À luz do dia, eu não devia ter problemas, eles disseram, sobretudo estando com Hugo e usando corretamente o véu.

Gravei o caminho. Passamos à frente de uma pracinha, que já me chamara a atenção na ida, e paramos. Sentada em um banco, fiquei olhando Hugo brincar com as outras crianças. Foi preciso insistir um pouco, mas, depois de um instante de timidez, ele rapidamente se soltou e se juntou a um grupinho. Fiquei feliz de vê-lo rir e se descontrair. Como quando cheguei, fiquei surpresa com o número de crianças que havia durante o dia por todos os lugares, nas ruas e nos jardins. À noite, comentei com os meninos, e eles me explicaram que as escolas estavam todas fechadas, por ordem do Estado Islâmico, que preparava os programas letivos em conformidade com os princípios corânicos estabelecidos pelo califado. Enquanto o novo sistema não era criado, as crianças eram deixadas soltas. Escolas clandestinas haviam se organizado, por iniciativa de alguns pais. Outras famílias providenciavam estudo para os filhos nas próprias casas.

As mulheres, sentadas nos bancos, não se falavam, cada uma isolada em seu lugar. Eu, por não falar árabe, mas e elas? Como saber?

À noite, assim como na véspera, os meninos fizeram perguntas sobre o meu dia. Contei minhas impressões e concluí:

— Essa maternidade está realmente em um estado deplorável.

— Você precisa mudar o seu comportamento, Sophie. Está vendo as coisas como uma francesa.

Cheguei a me engasgar com o meu kebab.

— Quem é você para me dizer isso, Idriss? Você nunca pôs os pés na África. Fui criada no Congo. Quem é o francês aqui?

Ele ficou sem graça.

— Seu ponto de vista está cheio de preconceitos.

— Você é que está cheio de ideias impostas. Só porque sou africana deveria não me importar com sujeira? Minha mãe era enfermeira-chefe, e garanto que também não aprovaria o que vi. E era africana, uma legítima congolesa!

— Ei, ei, ei! — interveio Mohammed, pedindo calma, pois sempre fazia o papel do policial bonzinho. — Não vamos começar a brigar. Sophie está descobrindo coisas novas, precisa se habituar, temos que dar um tempo a ela.

Aquele tom paternalista não me agradava, mas não dei prosseguimento à discussão. Eu realmente não queria brigar com eles. Não tinha mais ninguém naquele país e, além disso, gostava muito daqueles meninos.

9

Exército de ocupação

Nos dias seguintes, trabalhei no hospital em regime de meio período. Hugo brincava e fazia desenhos coloridos na sala das enfermeiras, que se revezavam cuidando dele. Muitas falavam francês, por isso a comunicação não era difícil. Sem formação médica, limitava-me ao que podia: levava um copo de água a uma paciente que acabara de dar à luz, recolhia mamadeiras usadas, tranquilizava uma jovem que acordara mais agitada da anestesia.

Pouco a pouco, começava a perceber as diferentes camadas sociais de Raca. No topo da pirâmide estavam os estrangeiros, com uma maioria de homens, algumas mulheres, oriundos de todos os países do mundo. No hospital, conheci mulheres do Norte e do Oeste da África, da Austrália... A maioria chegara depois dos maridos, e, outras, os tinham acompanhado. Não digo a ninguém que fui sozinha, não era uma situação comum e não queria despertar curiosidade. Os meninos eram, na verdade, meus tutores legais, e aquela ideia me incomodava. Fora necessário que pedissem um certificado que os autorizava a andar comigo pelas ruas.

Nessa população estrangeira, as diferenças eram muitas. Havia os *mudjahidines*, os combatentes. Sem um uniforme propriamente, eles, em geral, compravam também as armas que usavam. Quando não estavam em combate, passavam os dias em campos de treinamento. Não sabia o que os outros faziam, quais postos ocupavam no organograma do Estado Islâmico. Acho que, basicamente, tinham a função de manter a cidade sob controle e intimidar a população. Mesmo entre eles, havia uma sutil hierarquia. Um dia, no mercado, os meninos discretamente me indicaram um rapaz com evidente respeito. Um tal Nicolas, um francês convertido que se tornara conhecido pelos vídeos de propaganda que produzia. Pela cidade inteira, a polícia do grupo Estado Islâmico circulava de forma ameaçadora.

Depois deles, vinham os sírios, estando os que aderiram ao EI em melhor situação que os outros, é claro. Os que estavam do lado do presidente, assim como os que apoiavam o Exército Livre da Síria — com o qual o EI no início se aliara por interesse —, eram implacavelmente caçados, perseguidos e assassinados. Na parte de baixo da hierarquia estavam os sírios pobres, o povo, que procurava passar despercebido, que se encolhia e se curvava, esperando que as coisas acabassem se ajeitando. A cor da pele também contava para o status social: os sírios de pele escura estavam em pior posição, enquanto os de pele clara se encaixavam na burguesia. No hospital, as bonitas mocinhas das aldeias, que chegavam para dar à luz, tinham a pele bem morena. Eu tinha a impressão de ser como na Índia, com todo um sistema de castas, com seus intocáveis e sua classe dominante.

De modo geral, os estrangeiros tinham profundo desprezo pelos que haviam nascido na própria Síria. Os preconceitos que eu havia percebido nos meninos estavam generalizados: os sírios eram considerados sujos, preguiçosos e maus muçulmanos. Gostavam, mesmo, é de fumar narguilé (o que agora era passível de prisão e até de condenação à morte, se for feito na presença de uma mulher) e de ficar bêbados. Precisavam ser reeducados como maometanos. Nas ruas, os combatentes estrangeiros frequentemente se comportavam de maneira brutal. Não respeitavam as filas nas lojas e empurravam quem estivesse na frente. Como dizer alguma coisa a um homem armado? Os sírios baixavam a cabeça e se afastavam.

Tudo isso me causa um grande choque, me deixa pouco à vontade. Não tinha ido até aquele país para reviver as relações da colonização e, menos ainda, no papel do colonizador. Tentei explicar minha posição aos meninos, que não a entenderam. Rapidamente minha antipatia por esses estrangeiros que se acham tão superiores foi crescendo. Via-os como uma tropa de ocupação, arrogantes, que patrulhavam a cidade enquanto os civis passavam fingindo não vê-los, e pensava: "É como o exército do 3º Reich em Paris, como os colonizadores

NAS SOMBRAS DO ESTADO ISLÂMICO 71

no Congo, como o imigrado branco diante do autóctone." E tudo em mim rejeitava a ideia de participar de um sistema como aquele.

No hospital era igual, e eu não compreendia tantas mulheres brutais ou indiferentes às jovens que elas, em princípio, estavam ali para ajudar. Vi uma das estrangeiras em serviço humanitário insultar uma jovem síria que chorava ao acordar da anestesia, em pleno delírio, e isso me lembrou um estágio que fiz no asilo antes de conseguir meu primeiro emprego. Os funcionários se comportavam como superiores. As enfermeiras, as auxiliares e as assistentes humanitárias se julgavam acima das jovens pacientes: eram *mouhajirs*, isto é, as que haviam trocado um país não muçulmano por um país muçulmano — e, logo, pelo país mais muçulmano de todos. A isso chamam cumprir o *hijra*. Por isso acreditam representar uma elite.

Toda noite os meninos, pelo menos dois deles, se juntavam a nós para jantar. Hugo ficava sempre muito contente em vê-los, sentia falta de companhia masculina e, como os rapazes eram bem brincalhões, não se faziam de rogados. Chamavam-no de "homenzinho". Mohammed se ofereceu para ficar com Hugo durante o dia, para que eu pudesse trabalhar mais tranquilamente, mas eu não queria me afastar de meu filho e por isso recusei.

Em casa, eu deixava o rosto descoberto, mas eles exigiam que eu cobrisse os cabelos. Sempre avisavam quando chegavam, usando o sinal combinado.

Eu não conhecia mais ninguém no prédio. Sabia que havia famílias, pois via sapatos de diferentes números empilhados diante de algumas portas. Às vezes ouvia vozes de crianças, barulho de passos. Mas, em geral, tudo era bastante silencioso. As pessoas permaneciam muito em suas casas. Todo mundo desconfivaa de todo mundo.

Os meninos tinham me contado que uma família cristã morava no primeiro andar. Gostei de saber disso, pois acreditava que esse aspecto multiconfessional poderia ser prova de uma possível tolerância. Descobri, no entanto, que eles tinham que pagar um imposto especial para usufruir dos mesmos direitos que os muçulmanos.

Algumas mulheres andavam armadas. Os meninos me explicaram que eram, em geral, tchetchenas. As ocidentais são consideradas frágeis e precisam ser protegidas. Já as tchetchenas são duronas de verdade.

Algumas sírias se sentiam atraídas por jihadistas. Algumas não cobriam os olhos e passavam khôl. Uma vez, indo à feira com Idriss, uma jovem deu uma olhada insistente nele, que por sua vez ficou cheio de si e comentou:

— Viu só, Sophie, aqui podemos ter as mulheres que quisermos!

Isso era típico do rapazote que ele era antes, um garoto encantado com tudo, falastrão. E aquilo me fez rir. Quando queria agradá-los, chamava-os pelo *kounia*, o nome de guerra que tinham adotado. Como prova da imaturidade deles, Idriss e Mohammed escolheram o mesmo *kounia*: Al Taleb. Para diferenciá-los, diziam Al Taleb de Burkina e Al Taleb do Marrocos... Eram realmente uns meninos...

Tentei explicar o que sentia, mas eles não suportaram minhas críticas. Tinham cada vez menos reservas com relação ao Estado Islâmico:

— Estamos em guerra, Sophie. O tipo de comportamento de um combatente em uma padaria não é prioridade. Você não percebe, o inimigo se disfarça na população. Não se pode confiar em ninguém.

— Pode ser, mas vim para ajudar e descubro que participo da opressão de um povo. Não estamos do lado certo.

— A irmã vê as coisas por lentes ocidentais. Foi influenciada pela propaganda. As coisas são mais complexas do que você acha.

Irmã... Os membros da organização Estado Islâmico se tratam por irmão, irmã. mas eu não queria fazer parte daquela família.

Os desentendimentos eram cada vez maiores. Eles não concordavam com os filmes que eu levara para Hugo. Achavam que ele deveria assistir a desenhos em árabe, para se familiarizar com a língua e a cultura. Além disso, havia também a música, que era proibida. Dei uma gargalhada e falei:

— Veja só, um ex-rapper que está dizendo isso!? Esqueceu de onde vem?

Na adolescência, os três meninos haviam formado, como muitos nas comunidades, um grupo de rap.

— E com o que eu assisto, tudo bem? — provoquei, mergulhada na série *Orange is the New Black*, com histórias de prisioneiras que têm comportamento bastante criticável de acordo com os cânones corânicos: bebem, fumam, são lésbicas...

Ainda conseguíamos brincar, mas sentia que nos afastávamos cada vez mais.

Fui aprendendo as regras que regiam a vida do califado, regras que eles tinham evitado me contar. Nunca teria imaginado não ter o direito de sair, de pegar um táxi, de precisar ter um tutor. Eles me fizeram acreditar que poderia ir para o país sem aderir ao grupo Estado Islâmico. Tinham dito ser possível viver à moda ocidental, o que era claramente impossível. Pouco a pouco, a ideia de que eles mentiram para mim começava a ganhar corpo.

10

O despertar

Às 20h já estava completamente escuro. Hugo e eu brincávamos com as lanternas de bolso em nosso quarto, depois de jantar à luz de um lampião de camping. Ele acabara dormindo colado ao meu corpo. Ouvindo sua respiração profunda e os pequenos ruídos do sono, comecei a pensar. Minha cabeça estava estranhamente confusa. Desde que chegara, sentia-me num torpor que atribuía ao cansaço acumulado da viagem. Exceto pelas discussões com os meninos, cada vez mais frequentes, eu pouco falava, mantendo-me muito reservada. Tinha dificuldade de perceber com clareza o que estava à minha volta.

Na Síria não há redes abertas de telecomunicação. É preciso adquirir créditos em cybercafés, sendo que alguns são controlados pelo grupo Estado Islâmico. Na verdade, compra-se gigas. Fui à procura de uma senha em um café com internet ao lado de casa. Já no apartamento, captei o Wi-Fi e, assim, pude me comunicar.

Dois ou três dias depois de chegarmos, entrei em contato com Julien. Disse estar na Turquia e ter começado minha atividade humanitária. A comunicação era muito ruim, as ligações caíam o tempo todo e, por isso, eu preferia escrever. Dava notícias de Hugo e contava o que fazia durante o dia, alterando alguns detalhes, pois dissera trabalhar em um orfanato, e não em uma maternidade. Os meninos sabiam que eu estava em contato com meu marido e tinham me pedido para não passar muitas informações. Prometi que faria isso. Não havia proibição de contato com a França. Pelo contrário. Fora como haviam conseguido me levar para lá, e o EI precisava de carne nova. Precisava de combatentes que se matassem na guerra e de mulheres para esses mesmos combatentes. Cada convertido é capaz de também transmitir a boa-nova; é essa a política do Estado Islâmico. As comunicações são controladas, mas não proibidas.

As mensagens de Julien eram carinhosas e preocupadas. Não fazia críticas e, pelo contrário, procurava se aproximar. Era estranho conversar sobre o destino de nossa relação, sobre as possibilidades de superar nossa crise, estando eu em Raca sem que ele soubesse. Durante nossas conversas e trocas de mensagens, Julien se mantinha muito afetuoso. Pouco a pouco conseguia restaurar minha confiança em nossa história. Falava de nós, do nosso início de namoro. Enviava fotos, e algumas me causavam um verdadeiro choque. Era como se eu tivesse esquecido toda aquela época. Me dou conta de que sinto a falta dele. Começo a ter vontade de voltar.

— Sophie, gostaria de saber onde você e Hugo se encontram, para eu me sentir mais tranquilo quanto à segurança de vocês.

Minto, mantendo-me vaga, mas envio fotos minhas e de Hugo, para acalmá-lo. Ele me acha mais magra e com aparência cansada.

Julien conta que minha irmã está doente, e isso me abala. Em meias-palavras, disse que ela se sentia aflita por Hugo e por mim. No entanto, tínhamos partido havia apenas dez dias. A pouca clareza do meu projeto era o que os deixava tão inseguros. Imaginava também já saberem que eu pedira demissão do trabalho, mesmo que Julien não tocasse no assunto. Sentia-me culpada por causar tanta preocupação.

Recebi mensagens simpáticas e calorosas pelo Facebook de uma ex-colega dizendo que todos na casa de bairro sentiam muito a minha falta. Relembrava alguns momentos épicos que enfrentáramos juntas, me fazendo rir um bocado.

Uma agitação interior foi tomando conta de mim.

Falando com Julien e com minha ex-colega, tive momentos de grande estranhamento. Minha vida anterior de repente parecia não perfeita, mas rica e plena. Tinha a impressão de que várias coisas se encaixavam de volta em seus lugares. Quando desliguei, me senti de novo sozinha·em Raca, hesitante, confusa, sem saber o que fazer.

Frequentemente levava Hugo à pracinha em frente ao prédio. Um dia, quando o observava brincar, uma mãe se aproximou de mim e perguntou, em um inglês ruim, apontando, com sua mão enluvada, para Hugo:

— É muito bonitinho. Que idade tem?

Era impossível imaginar sua aparência. Eu podia ter uma ideia apenas dos olhos por trás do véu. Ela acompanhava várias das crianças que tinham aceitado Hugo nas brincadeiras.

— Quatro anos.

A mulher meneou a cabeça e a conversa ficou nisso, com um risinho tímido. Morava no mesmo edifício que eu, no apartamento de cima, e eu não poderia reconhecê-la se a visse.

Julien escrevia diariamente, às vezes, várias vezes. Em seu último e-mail, enviara uma foto da qual eu não me lembrava. Estava grávida de Hugo. Fazia pose de perfil, com um imenso sorriso. Meu olhar, virado para a câmera, em direção a Julien, irradiava felicidade. Fiquei paralisada olhando a foto. Nunca a havia visto.

— Era sua foto favorita — disse ele.

Não consegui entender como poderia ter esquecido dela.

Foi como se, a partir daquela foto, todo um período de minha vida ressurgisse da bruma. Continentes desaparecidos emergissem, minha história voltasse. Cada mensagem de Julien tornava mais nítido o meu passado.

Pela primeira vez, um tanto incrédula, me perguntei: será que passei por uma lavagem cerebral?

Não tinha como. Não era possível que três meninos, nem tão espertos assim, com dez anos a menos que eu, pudessem ter me manipulado. Imaginava que, para virar a cabeça de alguém, fosse preciso carisma, algum know-how, uma inteligência superior. E eles não tinham nada disso. Convenci-me de que a depressão, quem sabe, tivesse diminuído minha capacidade de reflexão.

O verdadeiro estalo aconteceu no hospital. Tantas coisas haviam se passado desde que chegara que eu tinha a impressão de trabalhar ali há meses. Era difícil acreditar que Hugo e eu tivéssemos chegado há pouco mais de dez dias.

Carregando lençóis limpos, atravessei a sala das pacientes que acabavam de dar à luz e notei um recém-nascido que berrava como um bezerro no berço, ao lado de um leito vazio, ao contrário dos demais. Perguntei a uma enfermeira:

— Por que o bebê está sozinho?

— A mãe morreu no parto — respondeu ela, sem pestanejar.

— O que houve?

— Acontece — foi a explicação, com uma indiferença fatalista.

— E o bebê?

— A família será avisada, virão buscar. É uma jovem que veio das aldeias, não vão chegar hoje.

E a mulher voltou ao seu trabalho, me deixando estupefata e sem saber o que fazer.

O bebê continuava chorando no berço. Seu desespero e solidão eram insuportáveis e, sem pensar, peguei-o no colo. Era uma menina. Aconcheguei-a, e começo a cantarolar cantigas de ninar que acalmavam Hugo quando ele era bebê. Eram as que minha mãe cantava.

A bebê se acalmou um pouco. Fiquei arrasada com a situação da pequena órfã. Uma onda forte, escura e viscosa me invadiu. A claridade se desfez no mundo, a vontade de viver e de ser feliz desapareceram, restando apenas a criança e eu, sozinhas e abraçadas. Bruscamente, vi a cena como se estivesse fora do meu corpo, de pé na horrível enfermaria cheia de mães que dormiam, apertando no peito a orfãzinha, em uma cidade ocupada, no meio de um país em guerra.

A tomada de consciência foi tão violenta que minhas pernas bambearam. Sentei-me com a criança em uma poltrona.

Mais tarde, uma mulher idosa e apenas com os cabelos cobertos (vantagem da idade) entrou na clínica, hesitante. Percorreu os corredores até a sala em que me encontrava. Seus olhos estavam secos. A boca era apenas um traço amargo e resignado. Ela pegou a menininha nos braços com carinho, ajeitou-a em panos sujos e tomou o caminho da saída, sem olhar para trás.

De volta ao apartamento, olhei ao redor e, de repente, tive a impressão de enxergar mais claramente. Um belo sol de inverno brilhava em Raca, com todas aquelas mulheres de preto, aqueles combatentes na expectativa de batalhas e aqueles sírios confinados... O que eu fazia ali?

À noite, liguei para Julien:

— Sophie, quero que você volte. Sinto falta sua e de Hugo. Já é hora.

Sua voz era meiga, senti um nó na garganta.

— Estou voltando, Julien, prometo.

Depois de pôr Hugo para dormir, em plena escuridão, continuei acordada, olhando o vazio. Imagens passavam por minha cabeça a toda velocidade. Uma viagem que Julien e eu fizéramos à Bolívia. Cruzáramos o país de trem, atravessando imensas florestas. Uma história que um amigo da casa de bairro, que havia trabalhado em um orfanato palestino, me contara. Minhas sobrinhas ensaiando a comédia musical em que tinham, juntas, o papel principal. Minha irmã com seu andar altivo voltando da feira. Hugo, bem pequeno, dormindo em cima da barriga do pai, também em sono profundo no sofá da sala.

De repente, eu me senti perfeitamente calma, como se tivesse encontrado a resposta que procurava. Queria voltar para casa.

11

Voltar

No dia seguinte, disse aos meninos que queria voltar. Estávamos no início de março, eu estava ali havia duas semanas. Eles se surpreenderam.

— Como assim? Por que tanta pressa?

— Minha família não está bem, estão preocupados.

— Espere um pouco, não precipite as coisas. Mostre que está contente e eles irão se sentir mais tranquilos. Não se lembra? Foi o que fizemos.

Olhei para eles, sem acreditar.

— Acham que as famílias de vocês estão tranquilas? Acha mesmo, Mohammed? Sua mãe tentou o suicídio.

Eles balançaram a cabeça, como se fosse eu que não quisesse entender.

— É difícil para as famílias, mas é preciso aguentar. Muitos desistem por causa delas. Devemos nos manter firmes.

— Mas eu, de qualquer forma, voltaria daqui a 15 dias. É diferente. Não muda nada voltar agora.

Eles não responderam.

— Podem se informar para saber se é possível?

— Vamos fazer isso, Sophie — prometeu Mohammed, sempre disposto a evitar conflitos.

— Quer que a gente vá com você até o hospital? — perguntou Idriss.

— Não vou mais voltar lá.

Respondi de forma um tanto seca. Eles trocaram um olhar, mas não insistiram. Foram para o trabalho e nos deixaram no apartamento.

A partir desse dia, cada vez que eles passavam no apartamento, eu voltava a perguntar: "Procuraram saber com alguém a respeito da minha volta?", "A quem é necessário perguntar?" ou, simplesmente: "E então?"

Eles pediam que eu tivesse alguma paciência, estavam providenciando. Ao mesmo tempo, tentavam me convencer:

— Mas você tem medo de quê? Não há bombas nem perigo algum. Por acaso tem um apartamento como este na França?

O tom subia, sem nunca porém chegar a extremos. Mas algo me dizia que não seria tão fácil quanto parecia.

Meu aniversário foi em 6 de março. Eles não me deram parabéns, pois não fazia parte da tradição muçulmana. Mas pela internet recebi muitas mensagens simpáticas que me deixaram emocionada.

Julien disse que o estado de saúde de minha irmã era preocupante, por minha causa. Fiquei muito abalada. Insisti com os rapazes sobre a minha volta. Piorei o estado dela para convencê-los da necessidade do retorno. Sabiam que sou órfã e que fora criada por ela. Acreditava que fossem ceder. Não estava com medo, apenas impaciente, sem querer esperar mais 15 dias. Como ainda era ingênua!

Diariamente, conversava com Julien, mas nunca por muito tempo, por economia. Pensava muito em nossa relação. Dei-me conta de ter procurado em meu marido também um pai, e isso provavelmente pesara em seus ombros. Era mais velho do que eu, já tinha duas filhas adolescentes quando o conheci... Com aquelas conversas diárias, eu voltara a encontrá-lo. Sentia-me preparada para uma relação mais calma e equilibrada. Dizia a mim mesma ser possível recomeçar.

Então insisti:

— Falaram com a pessoa certa? Como é a volta? Não faz diferença nenhuma para vocês que eu vá agora ou daqui a duas semanas...

Eles evitavam o confronto, ganhavam tempo, nada diziam. Hugo e eu saíamos muito pouco. Em minha cabeça, já não estava mais ali.

De novo pressionei. Inventei que minha irmã fora hospitalizada.

— Disse onde se encontra?

NAS SOMBRAS DO ESTADO ISLÂMICO   81

— Não, claro que não. Mas ela está muito mal. Você sabe que foi ela quem cuidou de mim. Não posso deixá-la agora.

— É preciso ser capaz de certos sacrifícios.

Aquela teimosia idiota me deixava louca. Tinha a impressão de não conseguir sensibilizá-los.

— Ouça, você disse que eu podia vir por algumas semanas, para ver. Fiz isso. Agora tenho que ir. Não posso abandonar minha família assim.

— Tudo bem, Sophie, tudo bem. Vamos providenciar — contemporizou Mohammed. — Tenha um pouco de paciência, vamos ter que entrar em contato com o emir. É complicado, sabe?

— Mas não foi tão complicado assim pra vir.

— É diferente. Sabe que estamos em guerra. É preciso ter certeza de que não passou informações comprometedoras.

— E como poderia? Não sei de coisa alguma. Não disse que estou na Síria nem para a sua família.

— É claro, é claro. Dê um pouco de tempo.

Hugo rejeitou o afago que eles tentaram fazer ao ir embora. Estava cada vez mais grudado em mim. Não falava, mas era como se exprimisse sua aflição, ficando junto da mãe. Eu notava que estava cada vez mais distante dos meninos e, inclusive, uma noite, se negara a bater na palma da mão de Idriss, como gostava de fazer. O rapaz disfarçou, sem graça. As relações estavam se deteriorando.

Os dias se passaram. Toda noite, tomando cuidado para não preocupar Hugo, perguntava em que pé estavam as coisas. Eles, por outro lado, faziam de tudo para que eu mudasse de ideia.

— Por que não tenta mais um pouco, Sophie? É preciso ter força de vontade.

— Não estou nem aí para essa sua vontade. Não me obrigue a dizer coisas. Cumpra com sua palavra, Idriss. Idriss, ouça! Sou eu, Sophie, que estou falando com você, Idriss!

Dizia o nome dele, repetindo, como se isso tivesse o poder mágico de trazer de volta o bom garoto que conheci. Mas não funcionava, aquele menino não existia mais. Mas eu ainda não tinha entendido isso.

12

Prisioneira

Na tarde do dia 15 ou 16 de março, Idriss e Mohammed bateram na porta, de acordo com nosso código. Coloquei a echarpe para cobrir os cabelos e abri. Eles entraram tensos, com uma expressão carregada.

— Quem está pressionando você para ir embora?

Mais uma vez, falei de minha irmã doente.

— Entregue o celular. Precisamos verificar o que você eventualmente comunicou.

— Não comuniquei nada! Repito, ninguém nem sabe que estou na Síria.

Estava com medo, e isso me irritava. Dessa vez, sentia que iam tomar uma medida mais drástica. Não se tratava de mera decepção por eu querer voltar para a França. Era bem mais que isso, era uma negação categórica. Percebi que não aceitavam que eu fosse embora. Continuei a falar como sempre, num tom de irmã mais velha, mas sentia que alguma coisa havia mudado.

Estávamos na sala, e Hugo brincava no cômodo em que passávamos a maior parte do tempo. A conversa não tinha como avançar. Não havia mais entendimento algum.

Os meninos se levantaram e se dirigiram à saída. Apenas ouvindo a porta se fechar notei que meu celular, que estava em uma mesinha, havia desaparecido.

Eles agora eram inimigos. Eu estava apavorada.

No dia seguinte, quando voltaram, pediram minha chave.

— Por quê? Vocês têm a cópia e, de qualquer maneira, não posso sair sozinha.

NAS SOMBRAS DO ESTADO ISLÂMICO   **83**

—Justamente. Não precisa de chave, já que não quer mais trabalhar. Não tem o que fazer fora de casa.

Nem tentei contrariá-los. Estávamos presos. Sequestrados. Fiquei furiosa com minha própria estupidez.

A partir desse dia, toda vez que eles vinham (sempre batiam, para não me pegar desprevenida e com cabelos descobertos), Hugo se colocava junto a mim como vigilante sentinela, olhando-os com raiva.

— Deixe minha mãe em paz! — disse ele a Idriss, que não respondeu.

O tempo em que o chamavam de "homenzinho" estava no passado, e quando brincavam juntos de carrinho, também.

Resolvo, então, fazer greve de fome, para que cedam. Esperava que ficassem com pena, e não me deixariam morrer. Fiquei sem meu primeiro jantar. Tinha a impressão de nunca ter sentido tanta fome.

No dia seguinte, me limitei a um chá pela manhã. Ao meio-dia, o cheiro do purê que fiz para Hugo provocou verdadeira agitação em meu estômago, mas aguentei firme. Já fizera jejuns preventivos de limpeza do organismo, era algo a que regularmente me obrigava, desde a adolescência. Era algo que faz bem, e tinha a impressão de sair purificada. E no ano anterior fizera o ramadã. Mas nunca havia passado por um jejum completo por mais de dois dias. Estava disposta, porém, a seguir em frente.

Para me convencer, disse a mim mesma que forçar um pouco as coisas os traria de volta, como sempre fora o caso em nossas relações. Tudo acabaria em brincadeira: "Tudo bem, Sophie, tudo bem, era só um teste." Quando falavam como os garotos da comunidade, quando diziam *"Wesh,*[*] é o cacete", estranhamente me sentia mais tranquila: não eram terroristas fanáticos e sim os meninos de sempre. Tudo estava bem.

Não percebia que estavam em plena mutação. Ainda no meio do caminho, mas em plena mutação.

No dia seguinte, disse que tinha compras a fazer:

---

[*] Em gíria francesa, a partir do árabe, *wesh* é uma interjeição dos jovens das periferias. [*N. do T.*]

— Preciso sair.

— Não pode sair sozinha.

— Preciso comprar uma coisa.

— Diga o que é, e trazemos para você.

— Então tá, preciso de absorventes.

O rosto de Mohammed ficou em brasa. Para os muçulmanos, a menstruação é impura. A mulher menstruada não pode rezar, nem tocar no Corão, nem ter relações sexuais. Os três rapazes ficaram visivelmente sem graça. Conversaram rapidamente entre si.

— Pode ir amanhã. Mas Hugo fica.

— De jeito nenhum eu sairia sem levar meu filho.

— Então vai ter que se arranjar de outra maneira.

Senti que não conseguiria fazê-los ceder mais. Pela primeira vez tive medo. E se raptassem Hugo? Se tirassem meu filho de mim?

— Estão completamente loucos! É um menino de 4 anos, precisa sair de casa. Não é nada saudável.

— É culpa sua. Volte ao bom senso e tudo vai estar bem.

— Se voltar ao bom senso significa ficar na Síria, não contem com isso.

Eles tinham dito que eu poderia ir embora. Não estavam cumprindo o que disseram.

Sempre a mesma discussão que recomeçava.

No dia seguinte, saí para ir ao mercado, que ficava a poucas ruas de casa. Precisava ser rápida. Hugo estava comigo, pois não queria deixá-lo sozinho com eles, mas me fazia andar mais devagar, tinha medo de não ter tempo.

Na rua, andava tão rápido quanto o caminhar dele permitia. Fui direto ao cybercafé. Desci os poucos degraus da loja e pedi para telefonar. Felizmente, Julien atendeu ao primeiro toque. Falei rápido e bem claramente. As comunicações caíam o tempo todo, e havia franceses por todos os lugares. Eu não queria correr o risco de ser ouvida.

— Julien, estamos na Síria. Sem poder sair. Hugo está bem, mas preciso de ajuda para sair daqui.

A milhares de quilômetros, senti seu pavor e sua raiva.

— Onde estão?

— Em Raca Ajude-nos.

— Estão sendo maltratados?

— Não. Fale com alguém, não nos deixam ir embora.

A ligação caiu. Tentei novamente, nada. Saí, tremendo, e voltei para casa, depois de passar em uma farmácia. Olhei tudo em volta. Tinha medo de que os meninos tivessem me visto. Subi a escada tão rápido quanto possível e dei as batidas combinadas.

— Sou eu, Sophie — disse baixinho junto à porta.

Idriss abriu.

À noite, quando passaram trazendo o jantar, com um sorriso de deboche, Idriss mostrou uma foto que tirou com o telefone: Hugo fazendo pose com uma metralhadora. O que eu não sabia era que aquela foto seria enviada a Julien, que se desesperaria a milhares de quilômetros de nós. Apavorado, sem nada poder fazer, vira a imagem de seu filho de 4 anos exibindo com orgulho uma arma quase tão grande quanto ele.

Diariamente, quando chegavam, eu era agressiva e os perseguia como doida pela casa toda:

— Hugo precisa sair! É uma criança, não pode ficar trancado o dia inteiro — chorava, aflita.

— Só depende de você, Sophie.

— Tinham prometido.

— Podemos levá-lo à mesquita.

— Nem pensar. Só comigo. Deixem que, pelo menos, a gente vá até a pracinha.

Eles balançavam a cabeça, inflexíveis.

Mais dias se passaram. A temperatura havia caído, as noites, às vezes, eram muito frias. Eu deixava o aquecedor da nossa saleta aceso o tempo todo, e o cheiro do óleo combustível enchia o ar, impregnando nossos cabelos e nossas roupas. À noite, às vezes eu sonhava que morríamos intoxicados, mas estava frio demais para desligá-lo.

O apartamento grande, impossível de ser todo aquecido, ficava extremamente frio.

Hugo e eu levávamos a gaiola de passarinhos para fora todas as tardes, quando o tempo estava bom, para que tomassem ar. Assim que viam a claridade, começavam a cantar e a chilrear. Eu contava historinhas a Hugo, sonhando, às vezes, que abria a portinhola e os passarinhos faziam o que não podíamos fazer: saíam voando, recuperando a liberdade, e fugiam para longe da Síria.

Os dias eram monótonos, mas Hugo nunca se queixava. Ele, algumas vezes, olhava para as árvores do jardim em que gostava de brincar, lá embaixo, e dizia, melancólico: "Seria bom ir passear", e era só isso.

Quando ouvia barulho na escada e vozes de crianças, ficava parado, prestando atenção.

Os dias passavam terrivelmente lentos, absolutamente iguais. Eu tentava distrair meu filho. "Conta uma história, mamãe?"

Felizmente, ele não se enjoava, e eu recontava as mesmas histórias. Brincávamos de fazer sombras nas paredes e assistíamos a desenhos animados. Era como se guardássemos a respiração suspensa. Uma semana se passou. Depois outra. Encurralei os meninos junto à porta de entrada e disse baixinho, sem poder controlar as lágrimas:

— Hugo vai enlouquecer, ele precisa sair. Por favor.

Chorava, mas nada os sensibilizava. Não tinham qualquer sentimento no olhar nem, infelizmente, a menor hesitação. Não havia mais dúvida possível.

— Canalhas! Vocês são uns monstros! — gritei, descontrolada.

— Mamãe? — A voz preocupada de Hugo soou no corredor.

Enxuguei o rosto inundado de lágrimas e me virei. Lá estava ele, vigilante e desconfiado, disposto a me defender.

— Tudo bem, mamãe?

— Tudo, meu bem. Mamãe está bem.

A porta se fechou.

Há três semanas vivíamos trancados. Tinha a impressão de estar enlouquecendo. Sentia-me como o inseto que bate no vidro da janela, sempre no mesmo lugar.

Todas as noites, ou dia sim, dia não, os meninos traziam o jantar. Mesmo quando passavam dois dias sem aparecer, não faltava comida, pois eu parara completamente de me alimentar. Sobrava o bastante para Hugo. Fazia arroz com atum, tudo com muito ketchup. Mas nem tocava nos pratos. Já que não me ouviam, teria que constatar que eu falava sério. Passados os primeiros dias, bem duros, comecei a achar que não era tão difícil assim. Não tinha mais fome, mesmo quando servia a comida de Hugo. Tentação nenhuma. Sabia que estava enfraquecida e, eventualmente, teria vertigem quando me levantasse. E também havia emagrecido, pois já precisara fazer dois buracos a mais no cinto. Mas não causaram qualquer reação em nossos carcereiros. Pelo contrário, achava-os cada vez mais fechados.

Assim que eles chegavam, eu fazia pressão. Não me intimidavam. Bancavam os homens feitos, mas sabia que eram uns pirralhos. Pirralhos mal-educados e fanfarrões, pirralhos que poderiam até ser perigosos, mas tinha a impressão de ainda poder dominá-los.

"Devolvam meu telefone e meu passaporte." Diariamente eu repetia isso. Insistia, me zangava, lembrava a palavra que tinham me dado, andava atrás deles de uma ponta a outra do apartamento, mostrando os mecanismos pelos quais o Estado Islâmico pretensamente paradisíaco os manipulava e cegava. Tudo inútil.

Imagino, então, uma nova tática. Digo que estou doente. Aliás, não chegava a ser mentira. Tinha um cisto no ovário que não quisera operar antes da viagem, pois a cirurgia apresentava riscos de esterilidade. Arrisquei para ver o resultado. Idriss debochou:

— Sei, claro, doente como a sua irmã? Você é uma mentirosa.

— O que está dizendo?

— Sua irmã não está no hospital. Nós verificamos.

— Mas realmente está doente. Falei de hospital pois foi o que entendi. Talvez tenha saído. De verdade, ia me operar antes da viagem. Preciso me tratar ou nunca mais vou poder ter filhos.

Vejo que não os convenço.

— Preciso de novo comprar absorventes.

— Outra vez? Não faz tanto tempo...

— É como funciona um ciclo menstrual. Vá você mesmo, se quiser.

Pelo fato de não comer, a verdade era que há tempos não menstruava. Mas disso eles não sabiam.

Daquela vez, descendo para ir ao mercado, parei no apartamento da família cristã, no primeiro andar. Tinha medo de que me ouvissem no cybercafé. Havia espiões espalhados por todo lugar. Bati na porta. A dona da casa abriu com desconfiança. Em inglês, expliquei que tinha perdido meu telefone e precisava fazer uma ligação. "Sou a vizinha do andar de cima." Vi perfeitamente que ela não acreditava, olhou atrás de mim, a escada, como se esperasse uma emboscada. Mas, talvez por medo de negar alguma coisa a uma estrangeira, temendo represálias, deixou-me entrar e cedeu o seu aparelho. Liguei para Julien. Ele novamente atendeu ao primeiro toque. Devia ter passado os dias na expectativa da nossa chamada. Atropeladamente cochichei coisas que ele não compreendia, e várias vezes pedia que eu repetisse. A dona da casa me olhava fixamente. Eu esperava que ela não entendesse francês. Pedi que ele me enviasse um atestado médico. Um amigo dos pais dele era médico e poderia declarar que eu tinha uma doença ginecológica, exigindo um tratamento particular. Uma doença suficientemente grave e que implicasse a necessidade de um repatriamento sanitário.

Agarrei-me a essa esperança.

A partir daquele dia, insistia com os meninos para que eles se informassem. Dizia que meu médico deveria me enviar uma receita e precisava consultar meu e-mail. Mas não conseguíamos conexão, o sinal era fraco demais.

Soube mais tarde que eles entraram em contato com Julien, pedindo confirmação da doença. Mas, assim como a história da minha irmã, não havia funcionado. Nada funcionava!

As relações se deterioraram. Eles me acusavam de não praticar as rezas, diziam que eu era má muçulmana. Eu os xingava de tudo que era nome, furiosa:

— O califa não está nem aí para vocês. Não passam de uns malucos, idiotas!

Ameaçaram-me de apedrejamento ou de execução. Às vezes, eu ainda tentava alguma novidade:

— Deixem Hugo ir embora e farei o que quiserem. Levem-no até a fronteira, o pai virá buscá-lo.

— Não falamos com ateus.

— Conheço muçulmanos, tenho amigos muçulmanos, posso pedir que venham buscar o menino. Depois, não criarei mais problema.

— Quer abandonar o filho? Que tipo de mãe é você? Que mãe abandonaria o filho?

Com exceção desses enfrentamentos cada vez mais violentos, nossa vida no apartamento se mantinha calma. Acordávamos junto com o sol para o café da manhã e fazíamos a primeira reza. Frequentemente, voltávamos a nos deitar. Hugo às vezes voltava a dormir, ou então víamos filmes debaixo das cobertas. Eu mesma quase não dormia mais. Sorria, me esforçava para manter as aparências, mas a tensão estava no ar, e Hugo se mantinha o tempo todo a meu lado. Passávamos as horas como dava. Líamos, ele folheava os livros ou eu contava histórias para ele. Levávamos os canários para a varanda. Olhávamos a paisagem. Acreditava ser a Turquia que eu via, lá longe, onde estavam as montanhas. Olhávamos os pássaros cruzarem a cidade pelo alto, imaginando também poder voar. No térreo, ouvíamos as crianças brincando, mas Hugo não pedia mais para sair. Tudo ao redor nos parecia hostil.

Sempre fora muito protetora com meu filho e provavelmente o tratara como um bebê até tarde. Agora, não via mais saída, e pensava que talvez fosse morrer ali. Não comia havia três semanas. Não sabia como poderíamos ir embora. Meu pavor, diante da possibilidade de morrer, era que se apoderassem de meu filho. Era tão pequeno, seria muito fácil educá-lo. Fariam dele um monstro.

Tentei, então, enquanto tinha tempo, registrar em sua mente mensagens que não se apagassem. Dizia que o pai o amava. Que ele devia ser respeitoso com as meninas. Ele prometia e me beijava, fazendo carinho em meu rosto para me tranquilizar. "Tudo bem, mamãe?", ele me pergunta trinta vezes por dia.

Eu repetia baixinho palavras de amor e de confiança que pudessem sobreviver a tudo que lhe dissessem.

Precisava tentar alguma coisa antes de não ter mais energia.

Incansavelmente, preparava planos de fuga. Poderíamos, talvez, da varanda chegar ao telhado do prédio vizinho. De lá, não tinha certeza, mas imaginava que seria possível chegar à escada interna. Ou, então, desceríamos pelas varandas, de andar em andar, até a rua. Mas a altura era muito grande. Se Hugo caísse, morreria. Além disso, mesmo conseguindo, o que fazer quando chegássemos na rua? Como fugir? A quem pedir ajuda?

Poderia pôr fogo no apartamento. Os meninos teriam que nos deixar sair, então, aproveitaríamos para fugir.

Às vezes me imaginava me jogando nua da varanda. Seria uma pena não ver a cara deles, tendo que ir recolher o corpo de uma mulher nua! O jejum às vezes produzia alucinações, e me perdia em delírios interiores dos quais somente a voz de Hugo me tirava: "Tudo bem, mamãe?", ele perguntava. "Tudo bem, querido. Tudo bem."

Apelaria para essa última solução se, um dia, não visse mais esperança.

Um dia, os meninos foram surpreendidos, ainda no meu apartamento, pela chamada para a reza. Fizeram ali as abluções rituais e, para isso, tiveram que deixar de lado as armas. Eu poderia pegá-las. Atiraria, crivaria de balas os três, e fugiríamos, Hugo e eu.

Tive de me sacudir para me livrar desse pensamento. Precisava tentar alguma coisa ou eles conseguiriam acabar comigo mentalmente.

Mas agora, em geral, quando traziam a comida, nem entravam mais.

Passava horas a fio com o ouvido colado à porta, atenta aos ruídos do prédio. Não sabia muito bem por que, mas achava que, se conseguíssemos fugir, isso poderia ser útil. Intuitivamente, achava que a mulher cristã não me ajudaria, mas pensava muitas vezes na outra síria do edifício, a que falara comigo em inglês e diariamente passeava com os filhos.

Na hora das rezas, tudo ficava totalmente imóvel. A escada do edifício estava quase sempre sem movimento. Eu tomava nota de tudo, organizando as informações. Armazenava-as. Teria apenas uma chance, não poderia desperdiçá-la.

A noite caía na cidade, mais uma vez sem luz. O tempo passava tão lentamente que parecia ter parado. Construo uma bolha para mim e Hugo, para me fortalecer. Não quero mais pensar no sofrimento que causo àqueles que me esperam em casa. Concentro-me em uma só meta: tirar Hugo dali. Sobrevivo por ele. Se pudesse encontrar uma solução que o deixasse protegido, aceitaria morrer com alegria. Tenho a estranha impressão de realmente ter me tornado mãe. Sinto esse laço pela primeira vez, em toda a sua pureza: não há o que eu não faça por ele.

Idriss chega sozinho no final da tarde. Estende a palma da mão para o antigo cumprimento deles, mas, de novo, Hugo se nega.

— O que é isso, cara, somos amigos, vamos brincar de briga.

— Você não é meu amigo — respondeu Hugo, decidido.

— Você é protetora demais com seu filho, está impedindo que ele cresça — disse Idriss para mim, criticando.

— Você esqueceu a relação que tinha com a sua mãe. Esquece quem você era.

Insistia para que me levassem a um médico. Emagrecera muito, achava que eles tinham começado a se dar conta de que eu estava mal. Eles, então, propuseram me levar ao hospital do Estado Islâmico. Recusei: de modo algum poria os pés lá. Deve-se morrer de infecção hospitalar naquele lugar, mais do que de qualquer outra coisa. Queria ir à clínica particular de que ouvira falar. Insisti, pois imaginava que lá descobriria como falar em particular e pedir ajuda a alguém.

Depois de alguns dias pensando e, imagino, esperando também a autorização de um superior, eles concordaram. Procurei me concentrar, tinha certeza de ser a chance esperada, precisaria estar atenta.

Chegando à sala de espera, sob intensa vigilância de Mohammed, que estava armado, o ambiente me impressionou. Homens e mulheres iam e vinham, trabalhavam juntos e falavam de rosto descoberto, sem o menor constrangimento. A cena perfeitamente natural daquele ambiente em que me encontrava me causou a impressão de algo excepcional: o fato de os dignitários do Estado Islâmico tolerarem aquele lugar revelava que eles não tinham a menor vontade de se arriscar no hospital público deles...

Tive a impressão de respirar de novo. Mas a presença de Mohammed, colado em mim como uma sombra, me impedia de relaxar.

Eu olhava insistentemente para secretárias, médicos, enfermeiras, esperando que percebessem, nos meus olhos, um pedido de socorro. Mas eu imaginava que não fosse a única naquela situação, ou talvez soubesse que nada poderiam fazer para me ajudar.

Aguardei minha vez, cheia de esperança. Quando me chamaram para a consulta, Mohammed já se preparava para me acompanhar.

Antes mesmo que eu reclamasse, o médico avisou:

— As consultas são privativas.

— Ficarei junto à porta — disse Mohammed. — É esta a condição.

— A senhora aceita? — me perguntou o médico.

Abaixei a cabeça. Podia, de qualquer forma, tentar. Talvez conseguisse sussurrar algumas palavras. Ele me examinou atrás de um biombo, e tive a dolorosa consciência da presença de Mohammed a poucos metros, segurando Hugo pela mão. Como falar com o médico, que me olhava com delicadeza? Ele me ajudaria, tinha certeza.

Pronto, ele pendurou de volta o estetoscópio no pescoço e se afastou para rabiscar rapidamente uma receita. Depois, foi embora.

Vesti-me sem mais energia alguma. Peguei a receita na recepção e paguei a consulta.

A partir daquele dia, os meninos permitiram que eu voltasse mais quatro vezes à clínica, uma delas sozinha, quando não deixei de ligar para Julien. Fiz a cirurgia de retirada do cisto no ovário, mas sob uma vigilância tão severa que não havia a possibilidade de falar com alguém. Mesmo assim, foi um verdadeiro prazer estar naquele ambiente familiar, normal.

— Está vendo como tratamos você bem, Sophie? — disseram os meninos, me levando para casa depois da cirurgia.

Um domingo, pouco antes da penúltima reza, quando nos levaram o que comer, ouvi Idriss dizer a Hugo para calçar os sapatos. Saí correndo da cozinha.

— O que você disse?

— Estou falando com ele.

— Falando o quê? Ele está quase chorando.

Tenso, Hugo estava de fato prestes a chorar.

— Vou levá-lo à mesquita. Não há lugar aqui para quem não tem fé

— Não vai levá-lo a lugar nenhum! Não toque em meu filho!

Uma bofetada brutal. Arremessada para trás, minha cabeça bateu contra a parede. Hugo começou a urrar. Passei a mão no rosto, que ardia. Uma raiva tremenda, fria, me invadiu. Não sentia medo. Eu era como um bloco de ódio. Andei, ameaçadora, na direção de Idriss:

— Saiba que conheço sua mãe, ela chorou nos meus braços quando você partiu. Mas se ela soubesse o que se tornou, ia desejar sua morte, tanto quanto eu desejo.

Quando Idriss ergueu a mão novamente, um bólido atravessou o hall de entrada com um rugido: era Hugo, que pulava em cima dele e o enchia de socos, chorando. Coloquei-me de joelhos para fazê-lo parar, temendo mais uma covardia por parte de Idriss. Acabara de tomar consciência — muito tarde — de que os três homens à minha frente realmente nada mais tinham a ver com os meninos que eu conhecera, e dos quais gostava.

Foi difícil consolar Hugo naquela noite. Ele chamava o pai, e isso me partia o coração. A coragem e a força do meu filhinho me encheram de admiração. Sentia-me horrivelmente culpada e jurava que o levaria a Paris, para junto de Julien, não importava o que custasse.

Não sentia medo algum. A única alternativa era a morte, eu sabia disso. Então, precisava fazer com que as coisas dessem certo.

13

A madafa

Naquela mesma noite, os meninos voltaram da reza e entraram no apartamento depois das batidas de praxe na porta. Tinham uma expressão dura, fechada:

— Arrume suas coisas. Você vai se mudar amanhã para a *madafa*.

Madafa é o retiro feminino muçulmano. Os *mudjahidines* que partem para a frente de batalha deixam suas mulheres na *madafa*, sob vigilância. As insubmissas também são trancadas no mesmo lugar, junto com as que esperam o marido... Algumas vão por vontade própria, outras, são levadas à força. Nem é tanto uma prisão, é mais como um canil. Sua localização é, em geral, mantida em segredo. Meus três algozes esperavam de mim lágrimas e súplicas, mas se decepcionaram:

— Estou pouco ligando para as suas ameaças. Mandem-me para onde quiserem, desde que seja longe de vocês.

Idriss serrou os punhos, estava trêmulo de raiva.

— Você é uma ingrata mesmo. Fizemos de tudo por você, e não reconhece. Quer bancar a ocidental? Vai ver só, lá você vai aprender muito.

Dei de ombros. Qualquer coisa, menos continuar naquele lugar. Antes que eles se retirassem, exigi:

— Devolvam meu telefone!

Falei com o tom que eles conheciam bem, no estilo das comunidades de periferia parisienses. Nada mais restava entre nós, além da raiva e do ódio. Idriss não respondeu. Agarrei uma garrafa e avancei na direção dele:

— Vou arrebentar a sua cabeça se não devolver meu telefone. Não vou a lugar nenhum sem o celular, ouviu bem?

NAS SOMBRAS DO ESTADO ISLÂMICO 95

Ele percebeu que precisariam me arrastar dali pelos cabelos e me carregar à força, esbravejando pelas ruas. Sem responder, tirou o aparelho do bolso e jogou-o em cima de mim. De qualquer maneira, ele devia pensar, o telefone não serviria para nada na *madafa*, pois não haveria sinal e eu não tinha créditos para navegar na internet.

— Esteja pronta amanhã às 8h.

— Com certeza vou estar. Inclusive já na porta!

Eles saíram e trancaram a porta a chave, deixando eu e Hugo sozinhos. Arrumei com todo o cuidado o telefone junto do meu *livret de famille*. Escondi o dinheiro que me restava no forro da bolsa, esperando que não me revistassem muito criteriosamente no tal lugar. Preparei nossas malas me lembrando das expectativas que tinha quando chegáramos, há dois meses. Eu me sentia fraca por causa da desnutrição, mas agora estava desperta, lúcida e consciente. A bruma que me envolvia naquele tempo se dissipou.

De propósito, deixei o apartamento em desordem, para dar trabalho e humilhá-los. Cada um se vinga como pode.

Não consegui dormir durante a noite. Tremia, abraçada a Hugo, e me assustava com o menor barulho. Achava que poderiam mudar de ideia e querer tirá-lo de mim. Pela lei, não podiam fazer isso, pois Hugo tinha apenas 4 anos. Mas eram idiotas e brutais, um detalhe que é sempre assustador. Eu não suportava a arbitrariedade. Minha impotência era aterradora. Imaginava que poderiam pedir minha morte, me acusando de ter revelado segredos à França, ou, simplesmente, por eu querer voltar para lá. Talvez a polícia viesse me buscar de manhã cedo.

Me arrumei no momento da primeira reza, vestindo o *niqab* e depois acordando Hugo para o café. Agasalhei-o bem, nos sentamos no hall de entrada, e eles chegaram às 8h15. Realmente pareciam decepcionados por não me verem chorar. Mantive o rosto como uma máscara de pedra, sem nada deixar transparecer, emoção alguma. Meu ódio era tamanho que tomara o lugar de todo o resto. Era o que me dava força. Aqueles rapazes eram monstros, e eu não ia deixar que estragassem a vida do meu filho. Para nós, seria a liberdade ou a morte.

Peguei Hugo no colo e eles foram atrás, levando as malas.

À frente do edifício fizeram sinal para um táxi. Durante o trajeto, tentei decorar o caminho. Nunca se sabe, poderia ser útil. Reconheci a mesquita Ferdouz, ou seja, estávamos no centro de Raca. De repente, mandaram o carro parar, Idriss desceu e foi falar com um miliciano. Assisti enquanto trocavam saudações, então, o sujeito se aproximou de nós, cumprimentou Mohammed, olhou rapidamente para mim e entrou no carro. Era um jihadista francês. Tinha a voz e o olhar bem calmos, como os mais iluminados deles, o que nunca é um bom sinal. Era possível sentir o respeito que os rapazes tinham por ele.

— Por onde andou? — perguntou Idriss. — Tentei entrar em contato.

— Estava em Deraa — respondeu ele, sem maiores detalhes.

Voltamos ao silêncio carregado de admiração. Deraa era uma área de combates no Sul do país, perto da fronteira com a Jordânia, para onde o Estado Islâmico envia pequenas unidades de ataque contra o Exército Livre da Síria. Este, por sua vez, luta contra as forças do regime. Fora da cidade de Deraa que partira o movimento contra Bashar, em 2012.

Os três me ignoravam, e eu me comportava do mesmo modo em relação a eles, virada para a janela. Não era mais sangue o que corria em minhas veias: era o mais genuíno ódio. Eles mandaram o táxi parar bem antes de nosso destino, pois a desconfiança contra os sírios era tamanha que procuravam evitar que o motorista suspeitasse do local em que se concentravam tantas mulheres. Descemos na esquina de uma rua movimentada e seguimos a pé. Os três homens conversavam animados, eu os acompanhava como um condenado no corredor da morte: mecanicamente, um passo depois do outro, cheia de pensamentos de vingança. Chegou o momento de nos separarmos e me lembrei de tudo que fizera por eles, por seus irmãos e irmãs, por suas mães. Estava tão saturada de ódio que mal respirava. O miliciano mostrou um casarão e voltou para o táxi, enquanto para a entrada.

Era uma construção como outra qualquer, sem placas ou sinais que a distinguissem, a não ser uma câmera no alto da porta. A grade estava fechada com um cadeado. Tocamos a campainha e esperamos

NAS SOMBRAS DO ESTADO ISLÂMICO 97

por um bom tempo: era preciso que todas as mulheres no interior se cobrissem para não serem vistas.

Duas delas foram, afinal, abrir. Idriss falou em árabe, mas seu sotaque foi imediatamente reconhecido, e a resposta veio em francês.

— Trouxemos a irmã — disse ele.

— Até quando?

— Ah, ela vai ficar...

O portão se abriu, os rapazes deixaram as malas no saguão e se curvaram para beijar Hugo, que os ignorou. De mim sequer se despediram. Entrei sem olhar para trás.

As duas mulheres se apresentaram. Uma, Oum Ferdouz, era de origem francesa. A outra era uma jovem belga que, toda contente, disse estar prestes a se casar. Bem rapidamente chegou Oum Adam, a responsável pelo local. Era uma mulher forte, francesa de origem marroquina. O rosto redondo quase não tinha rugas, era difícil calcular sua idade, mas eu imaginava que tivesse uns 50 anos. De longe, era a mais velha do lugar. Toda vestida de preto, tinha algemas penduradas na cintura e uma pistola no colete de couro. Pediu que eu esperasse em uma sala com televisão, no térreo, pois tinha algumas coisas a fazer antes de poder me receber. Imagens do suplício de um jovem soldado jordaniano queimado vivo passavam ininterruptamente. Em consideração a Hugo, cujos olhos cobri com as mãos, uma das mulheres presentes mudou de canal e escolheu um programa para crianças: desenhos animados de propaganda em árabe. Hugo se sentou diante da mesinha baixa.

Através de gestos, uma das moradoras me propôs ir conhecer a casa. Crianças começaram a descer as escadas. A *madafa* estava superpovoada. Mulheres e filhos viviam ali amontoados e trancados. Hugo, porém, contente de finalmente ver outras crianças, foi imediatamente na direção delas.

Ergui o véu que cobria os olhos, mas mantive o restante do traje integral.

Bastante tempo se passou até que Oum Adam descesse do escritório. Ofegante, ela se queixava de maneira teatral:

— Estou sozinha para fazer tudo. É um pesadelo. Antes, meu filho ainda me ajudava, se encarregando dos contatos com a rua. Agora, não dou mais conta. Esses casamentos tomam um tempo louco! E essas moças têm uma só coisa na cabeça: se casar com um *mujahidid*!

Ela se aproximou com um andar gingado, parecendo uma simpática matrona entusiasmada. Mas eu não conseguia tirar os olhos da pistola presa no colete.

Olhava para as mulheres ao redor. Como saber quais eram cúmplices da organização e quais eram vítimas? Me mantive calada, procurava não dizer nada a meu respeito, e seguia atrás de Oum Adam, ouvindo, desinteressada, suas explicações. Concentrava-me apenas em registrar tudo e entender como funcionava a instituição, para poder fugir na primeira oportunidade.

Oum Adam tinha várias chaves penduradas no pescoço. Uma das moradoras, outra francesa, entregou mais uma, que ela acrescentou ao colar. Era possível, então, conquistar sua confiança. Fiz força para manter uma expressão simpática e dissimular a ansiedade. Não sabia o que os rapazes tinham dito a meu respeito. Se não tivessem me descrito como uma rebelde, talvez pudesse conquistá-la.

Conversei um pouco com Oum Ferdouz, a francesa que abrira a porta para mim. *Ferdouz* era o ponto mais alto do paraíso muçulmano... Ela era oriunda da região parisiense. Tínhamos, também, a mesma idade, pouco mais de trinta anos. Seu olhar era vacilante, como o de alguém que toma remédios. Pude sentir que era bastante instável. Visivelmente procurava agradar Oum Adam, de quem era o braço direito. Percebi que não devia confiar nela. Ela me fez poucas perguntas, e eu, evidentemente, não mencionei minha vontade de ir embora. Era o Estado Islâmico que mantinha o local.

Oum Adam indicou um quarto no primeiro andar, onde Hugo e eu ficaríamos alojados. Eram uns dez metros quadrados, com banheiro e chuveiro incorporados, como uma cela. A limpeza era precária, pedi uma vassoura. Mesmo achando que poderia fugir no dia seguinte, não me imaginava dormindo com meu filho em um lugar tão sujo. A francesa trouxe para mim um cobertor lavado, uma esponja, produtos de limpeza e comecei a trabalhar. Fiquei mais calma esfregando. A tarefa mecânica e familiar me ajudava a pensar em outras coisas. Era como se estivesse em casa fazendo faxina. Poderia estar em qualquer lugar.

Com o olhar sempre meio perdido, ela me explicou o funcionamento da *madafa*. Uma vez por semana recebíamos uma cesta com frutas, amêndoas frescas, nozes, vagens, massas, doces de mel, leite em pó, latas de sardinha e de atum. Havia um suplemento para as crianças. Cada moradora preparava a própria refeição e guardava suas provisões no quarto. A cesta era bastante bem-servida, confidenciou ela, satisfeita, parecendo achar tudo ótimo.

Uma vez em bom estado o quarto, saí para dar uma volta e conhecer melhor o lugar. As moças por quem passava me cumprimentavam, e eu sempre tentava adivinhar se, assim como eu, eram prisioneiras. Quem poderia estar do meu lado? A única negra além de mim, uma australiana de origem somaliana, ofereceu uma macarronada para mim e para Hugo. Rindo, disse não saber cozinhar para uma só pessoa e, como sempre, fizera uma quantidade grande demais. Aceitei. Fomos os três para o quarto dela, que era bem jovem. Grávida e divorciada, esperava o nascimento do bebê para, quem sabe, voltar a se casar. Conversamos em inglês. Como todas as desacompanhadas do estabelecimento, ela dividia o quarto com outra jovem, uma síria casada com um estrangeiro e que logo se juntou a nós. Sorridente e muito tímida, parecia se orgulhar de seu jihadista, que a deixara na *madafa* e fora para uma frente de combate. Ela brincava com Hugo, chamando-o de "meu maridinho", mas ele respondia que não queria e me dizia baixinho: "Só me caso com você."

Todas rimos, inclusive eu, e por um momento éramos apenas três mulheres reunidas, apesar das diferenças. Mas essa sensação logo passaria. Eu tinha pena delas, e sabia que estava completamente sozinha ali, para continuar a minha luta.

Duas outras jovens se juntaram a nós. Uma delas parecia menor de idade, talvez tivesse menos de 17 anos. Conhecera o marido na Austrália e, em meias-palavras, disse que em Raca ele mudara muito. Não chegou a dizer que queria voltar para seu país, mas parecia infinitamente triste. A outra, por sua vez, se casara sem nunca ter visto o marido, que na cerimônia fora representado por um irmão. Mas ela se mostrava orgulhosa de ter sido escolhida.

Fiz perguntas sobre a organização da casa, sobre as ocupações de Oum Adam, mas sem chamar atenção. Quando Hugo acabou de comer, descemos para o térreo. A jovem australiana foi conosco. Na sala da televisão, agora passavam cenas de decapitação na tela. Reconheci o francês Nicolas, o convertido que os meninos haviam me mostrado, tão cheios de admiração, nos meus primeiros dias em Raca, quando cruzamos com ele no mercado. Meu corpo inteiro se crispa. Eram todos uns monstros! A australiana tapa os olhos, explica não querer ver imagens de violência, com medo de traumatizar o filho que vai nascer. Mas as demais riam das imagens. Desvio o rosto e olho pela janela que dá para um pequeno pátio. Pergunto-me se poderia saltar o muro por ali. No alto, há arame farpado, que parece cercar o telhado ou terraço. Percebendo que uma das mulheres me observa, força-me a enfrentar a tela da televisão e as cenas insuportáveis que passam.

Um pouco mais tarde, continuava sem pressa a inspecionar a *madafa*. No primeiro andar, no final do corredor, uma porta de vidro dava para o terraço que eu vira lá de baixo. Estava fechada a chave, mas dava para ver que o terraço ia até o prédio vizinho. Do pátio no térreo, subindo por uma mureta, eu talvez pudesse me esticar até lá. Depois, bastaria descer de qualquer maneira até a rua, do outro lado. Será que Hugo se machucaria, tendo que se jogar de uma altura daquelas?

À noite, enquanto preparava o jantar de Hugo com alguns sortimentos que as mulheres haviam me oferecido, uma conversa teve início com uma das irmãs que queria deixar o marido e ele havia recusado. De acordo com o islã, a esposa pode pedir divórcio se comprovar que o marido, repetidamente, deixou de cumprir os deveres conjugais. Fiquei prestando atenção. Tentei adivinhar se ela dava sinais de querer voltar ao seu país. Mantive-me atenta, procurando interpretar os menores indícios. Se identificasse alguém na mesma situação que eu, poderíamos tentar fugir juntas. Enquanto servia o jantar de Hugo, pensava que deveria voltar a me alimentar para recuperar as forças, mas não conseguia. Tinha a impressão de não conseguir engolir, de que a comida ficava entalada. Mesmo forçando, não cheguei a ingerir nada.

Na sala principal, as janelas davam para fora. Os vidros eram escurecidos, e da rua não se via nada do que acontecia no interior. De dentro, porém, víamos os homens que passavam lá fora. Um grupo de moças bem jovens se empolgava com *mudjahidines* que não as viam. Pareciam meninas de colégio interno em excursão. Eu não aguentava tanta leviandade. De repente, em um canto da sala, vi duas moradoras que se mantinham um pouco afastadas das demais: a síria bem moça que parecia triste e outra, que tinham me falado que era divorciada. Vi que ela escondia alguma coisa nas dobras do *abaya*. Meu coração deu um salto: era um telefone.

Mais tarde, em um momento em que ela estava sozinha, procurei me aproximar. Primeiro conversamos um pouco; ela contou que tinha quatro filhos, fora repudiada pelo marido e esperava para ver o que podiam lhe propor. Digo ter visto o telefone dela. À meia-voz ela confessa ter alguns créditos e que conseguira captar um sinal Wi-Fi fraco, mas suficiente para enviar mensagens. Pergunto, então, se poderia usar o aparelho para enviar uma mensagem, uma só. Ela hesita, desconfiada, mas acaba prometendo levá-lo mais tarde ao meu quarto.

Depois de pôr Hugo para dormir, esperei sua visita por muito tempo, mas foi em vão. Ela não teve coragem.

Passei uma noite difícil.

No dia seguinte, me levantei bem cedo, preparei Hugo e desci para perguntar à responsável se poderia ir ao hospital. Queixava-me de dores pós-operatórias. Com boa vontade, Oum Adam disse que me mandaria ao hospital público. Sem abertamente criticar a instituição administrada pelo Estado Islâmico, comentei que seria melhor voltar à clínica em que fui operada, para ver o mesmo cirurgião. Ela se mostrou reticente, mas acabou consentindo. Queria pedir ao médico que ele entrasse em contato com Julien por mim. Sabia que os sírios que trabalhavam lá não estavam sob as ordens do EI. Teria ele coragem de me ajudar? Eu não sabia, mas não via outra solução.

Sabia que não me deixariam ir sozinha, mas poderia ir na companhia de uma irmã, Oum Ferdouz de preferência. Não seria difícil enganá-la. E foi justamente quem apareceu, levando em uma bandeja o café da superiora. Vi remédios. A saúde de Oum Adam não era

102   A MADAFA

boa. Se eu corresse, poderia deixá-la para trás. Mesmo enfraquecida pela greve de fome, achava que seria mais rápida.

Subi então para me preparar. Vesti Hugo com roupas quentes. A manhã estava bem fresca, mas talvez ficássemos fora por bastante tempo. Era o que eu esperava. Se tivéssemos que nos esconder em algum lugar ou passar a noite ao relento, ele precisaria estar agasalhado. Peguei também seu pequeno computador, para poder esconder na sacola algumas cuecas e meias sobressalentes, assim como alguns doces e balas, nunca se sabe... O tempo todo uma frase se repetia em minha cabeça como um refrão: "Precisamos fugir hoje. Precisamos." Era nossa luta pela sobrevivência. Quando desci, Oum Adam disse, com uma ponta de censura, que Hugo era dependente demais de mim. Não seria com mimos assim que eu faria dele um bom combatente da fé. Sorri dissimuladamente e concordei, alegando que, longe do pai e em um país estrangeiro, acabava protegendo-o como podia. Tentava parecer dócil.

No momento de sair, uma decepção é terrível: Oum Adam nos acompanharia, além de Oum Ferdouz. Descemos, ela abre o saguão; saímos, ela abre o portão da rua. Nesse momento, alguém dentro da casa grita por ela. As duas voltam, me dizendo para esperá-las.

— Vá indo para o carro — disse Oum Adam para mim.

Estávamos sozinhos, Hugo e eu, do lado de fora. O sol estava forte. A luz dourada nos cegava. Por alguns minutos, terríveis, hesitei. Era uma oportunidade, talvez a única que teríamos. Mas se elas descessem logo, Hugo e eu teríamos poucos segundos de vantagem. Seríamos capturados, maltratados, trancafiados de verdade, sem mais esperança alguma.

Dei um passo na direção da luz. Apertei a mãozinha do meu filho com toda força. O sangue pulsava nos meus ouvidos e eu nada ouvia, além daquele latejar.

— Não foi para o carro?

As duas mulheres já estavam de volta, bem atrás de mim. Oum Adam me observava com atenção. Eu ergui o véu dos olhos e respondi, bem-comportada:

— Preferi esperá-las.

Uma nuvem escondeu o sol.

Em Raca, as mulheres não tinham direito de dirigir. Mesmo assim, Oum Adam se colocou ao volante e partiu, determinada, trânsito afora. Isso me fez perceber a importância de sua posição no organograma do EI. Sentada com Hugo no banco de trás, tentei uma vez mais me situar na cidade.

Estacionamos diante da clínica e entramos. Como sempre, senti prazer ao entrar naquele ambiente misto em que as mulheres, de rosto descoberto, se comportavam com tanta naturalidade na presença dos colegas do sexo masculino. Fui à recepção e pedi o médico que me atendera da primeira vez e que se opusera a que Mohammed me acompanhasse na sala de exame. Ele infelizmente estava em Alep, onde morava a sua família, nos informou a jovem. Mas eu poderia ser examinada por qualquer um dos seus colegas de plantão.

— Ela não será atendida por um homem — determinou Oum Adam.

— Mas todos os médicos são homens, irmã.

— Ele pode vê-la, mas não tocar.

— E como vai me auscultar?

— Não vai. É proibido.

Seu queixo gordo tremia de indignação. Aceitei suas condições. Logo um médico me chamou. Coloquei-me de pé e deixei Hugo com as duas mulheres, mas Oum Adam também se levantou.

— Eu vou junto.

— Fique com o menino, Oum Adam.

— Não. É preciso que uma mulher esteja presente. Além disso, posso ajudar com a tradução.

Ela entrou comigo no consultório. Fiquei arrasada. Tudo fora inútil.

O médico percebe que não estou bem. Muito magra e abatida. Pede exames de sangue e de urina. Minha greve de fome não se justificava mais e, no entanto, eu não conseguia voltar a comer. Estava em um estado quase vegetativo.

Oum Ferdouz me acompanha no exame de urina. O resultado é dado na hora. Tenho cistite e estou febril. O médico receita antibióticos e pergunta:

— A senhora está se alimentando direito? Precisa comer legumes e frutas — aconselhou, de maneira simpática.

Eu sabia que precisava recuperar as forças, se quisesse escapar.

Na saída, Oum Adam pagou a consulta e os exames. A *madafa* se encarregava de todas as despesas de suas pensionistas, mas a administradora estava furiosa por ter que pagar, já que tudo teria sido gratuito no hospital do EI. E com seu jeitão ao mesmo tempo autoritário e quase maternal, descontara o mau humor nas secretárias, dizendo que deviam se cobrir mais. Com um gesto, as moças aceitaram o conselho e prenderam melhor suas echarpes. Por medo. O que poderiam responder a uma mulher com um revólver claramente visível junto ao peito?

No caminho de volta, já no carro, Oum Adam observou, falando comigo:

— Não a vi hoje na reza da manhã.

Menti, alegando estar menstruada. Ela e Oum Ferdouz então me contam o caso de uma francesa que, no ano anterior, estivera na *madafa*:

— Foi muito estranho. Ela veio por conta própria, não conhecia ninguém em Raca e foi aceita na casa. Todo dia de manhã, você sabe, bato nas portas, acordo todo mundo e chamo para a primeira reza. Descobri, então, que a tal francesa não rezava. Nunca. Algo suspeito, entende?

— Daí Oum Adam fez uma inspeção — continuou Oum Ferdouz empolgada. — Revistou o quarto da moça e sabe o que encontrou?

Continuei muda.

— O cartão de um oficial de Bashar — completou Oum Adam com uma voz grave.

Encarei seu rosto no retrovisor (ela havia erguido o véu para dirigir). Seria uma ameaça indireta? Ela, porém, se mantinha impassível.

— E que fim levou a moça?

— Não sei. Fugiu. Não soubemos mais dela.

As duas mulheres pareceram de repente se desinteressar da história, passando a outro assunto. Perguntei-me se não fora um teste, aquilo de me deixar sozinha na rua, diante do portão aberto. Talvez fosse uma armadilha. Senti que Oum Adam não confiava em mim. Minha vida seria difícil na *madafa*.

De volta, almoçamos juntas. A mulher ao meu lado bebeu direto no gargalo da garrafa, e depois a passou para mim, de forma educada. Apenas coloquei-a de volta na mesa, e isso não escapou da permanente observação de Oum Adam, que claramente me avaliava.

— Você se comporta como uma ocidental — disse ela.

— Não tem jeito, fui criada assim.

— É preciso que mude. É inadmissível. Quando estive no Afeganistão, bebia até em poças!

Ela falava como se tivesse participado de todas as guerras. E talvez fosse mesmo o caso, quem sabe? Algo me dizia que, por trás dos seus ares de vovó moralizadora, Oum Adam continuva um osso duro de roer.

— Ela foi presa na França e no Afeganistão — me contou baixinho Oum Ferdouz, sua dedicada admiradora.

Na *madafa* as moças só tinham, na boca e na cabeça, uma coisa: o casamento. Era a sorte grande. Falavam de seus maridos. Esperavam um marido. Iriam trocar de marido. Toda a vida daquelas mulheres trancadas entre quatro paredes girava em torno de homens que livremente circulavam pela cidade. O mais cobiçado, aparentemente, era o *mujahidid* jovem. E, entre si, elas falavam abertamente do assunto. Contavam suas preferências, comparavam brancos e negros, ocidentais e árabes, trocavam conselhos de especialistas.

Aquele dia era de grande efervescência, pois Oum Adam receberia um combatente que viria, com dois irmãos servindo de testemunhas, pedir a mão de uma belga que estava na casa com a mãe e as irmãs. A jovem prometida parecia felicíssima, e a mãe, orgulhosa. O clima era de festa. Apenas a australiana com sua barriga de grávida a tudo assistia com certa distância, melancólica e calada.

A casa inteira se agitara, prevendo a formidável visita. Os corredores estavam limpos, as almofadas da sala de reunião, batidas, mesma coisa com a saleta e o escritório de Oum Adam. A moça em questão estava radiante.

— Está feliz?

— Percebe? Vou estar com um homem!

106 A *MADAFA*

Precisei fazer força para não rir.

— Talvez não seja algo tão extraordinário assim...

Mas a jovem empolgada não permitiu que eu abalasse seu entusiasmo, e as outras moradoras a incentivavam. Trancadas ali, o sexo era um assunto discutido de maneira bem direta e crua.

Perguntei a Oum Adam se poderia ir ao mercado. Ela balançou a mão como se eu fosse uma mosca incômoda. Com a teimosia de uma criança, insisti, mas de maneira suave e delicada.

— Espere um pouco, vou ver — disse ela, querendo, sobretudo, se livrar de mim.

Mas peguei sua resposta ao pé da letra, busquei minha bolsa e me sentei lá embaixo, junto da porta do saguão. Esperei, paciente e obstinada. Um permanente vai e vem e uma extrema agitação reinavam na *madafa*. Várias vezes as portas haviam ficado abertas, mas sempre havia alguém por perto, no caminho. Voltei a pedir para sair.

— Só vou poder daqui a uma hora — respondeu Oum Adam, irritada, enquanto eu insistia para que me levasse.

Voltei ao nosso quarto e forcei Hugo a fazer xixi. Depois acrescentei mais umas roupas, um jeans por cima da calça moletom, uma outra camiseta. Ele ficou parecendo o boneco dos pneus Michelin. Fiz o mesmo comigo mesma. Dessa vez não peguei o computador, mas enchi minha bolsa. Depois voltei para a porta de entrada. Pensei que talvez alguma oportunidade se apresentaria. Não podia desperdiçá-la.

— Os homens vão passar, saiam do caminho.

Fomos então para a sala da televisão. As mulheres ficaram olhando por todas as frestas. Dois ou três homens entraram, sendo um deles um mestiço forte, que arrancou suspiros gerais. Cheia de atenções, Oum Adam os conduziu ao escritório, onde a mãe da jovem os aguardava. Trêmula, ao meu lado, a noiva esperou ser chamada. Ninguém trancou as portas a chave depois que eles passaram.

O casamento fora agenciado por Oum Adam. A noiva nunca vira seu pretendente, mas esperava que fosse o mestiço. Ela cochichou em meu ouvido que as mulheres falavam muito bem dos mestiços. Não passava de uma criança ingênua e ignorante. Sem saber o que responder, me limitei a dar um sorriso. Ela já recusara um pedido.

NAS SOMBRAS DO ESTADO ISLÂMICO 107

Era como se na recusa as mulheres pudessem exercer a liberdade. Mas hoje o seu livre-arbítrio poderia se manifestar pela última vez. Se eu ao menos pudesse protegê-la, escondê-la, fazê-la esperar... Mas não tinha como. Era uma bezerrinha sendo levada ao matadouro. Ela me bombardeou com perguntas: como se passa a noite de núpcias? A mãe assegurara que seria tratada como uma princesa por seu *mujahidid*. Fiquei calada.

Ouviu-se a voz de Oum Adam.

— Oum Ferdouz, pode vir.

A francesa se mexeu e se cobriu, assim como a mocinha. As duas saíram. Assisti enquanto se encaminhavam para o escritório de Oum Adam. Oum Ferdouz não entrou. A administradora disse alguma coisa e ela foi à rua. Na sala da televisão, as mulheres conversavam animadamente.

Peguei Hugo pela mão e fui para o corredor. O escritório de Oum Adam estava fechado. Ninguém à vista. Empurrei a porta do saguão, que não fez barulho. Vi a luz do dia pelo batente da porta da rua. Lá fora, à direita, Oum Ferdouz estava em plena discussão com um homem, possivelmente o seu marido. Estava de costas para mim. Era o momento, eu tinha certeza. Como se uma mão me empurrasse, avancei com firmeza. Nem tive tempo de sentir medo, dúvida ou hesitação. A hora era aquela. Hugo olhou para mim sem entender.

— Vamos comprar um lanche — expliquei, por segurança, para que fosse sua resposta, se fôssemos pegos.

Segurando forte a sua mãozinha, avancei pela rua. O sol brilhava, Oum Ferdouz não se virou. Tomei a direção contrária e parti rumo à liberdade.

14

Nas ruas de Raca

Procurando não aparentar pressa, caminhamos até a esquina da ruazinha da *madafa*. Eu fazia força para não me virar e andava de cabeça erguida, como alguém em seu pleno direito. Estava na expectativa de a qualquer momento ouvir a voz de Oum Adam ou de ser surpreendida por trás. Mas nada disso aconteceu. Na esquina, segui por outra rua. Da *madafa* não poderiam mais me ver.

Era uma rua movimentada, com tráfego intenso. Minha respiração se acelerou: estávamos em fuga. Vi um pequeno grupo de homens andando em nossa direção: barbudos do Estado Islâmico. Segui em frente. Hugo tropeçou.

— Olhe como anda! — disse eu de forma seca.

Surpreso, ele me olhou e se endireitou. Passamos pelo grupo de homens sem ser notados. Virei na esquina seguinte e peguei Hugo nos braços, enveredando por um labirinto de ruelas. Tentei me distanciar o máximo possível da *madafa*. Estava, porém, muito enfraquecida pelo jejum e logo não conseguia mais carregá-lo. Coloquei-o no chão e me agachei à sua altura.

— Filho, vamos brincar de uma coisa. Vamos correr. Você vai correr rápido como o vento, rápido como o Flash McQueen, combinado?

— Combinado, mamãe, vou correr o mais rápido que puder.

Flash McQueen, o carrinho do desenho animado *Carros*, é o herói favorito de Hugo. Meu filho, então, partiu pela calçada com toda a força das suas perninhas. Tão rápido que eu mal coneguia acompanhá-lo, atrapalhada pelas roupas e quase sem enxergar, por causa dos véus. Corremos por nossas vidas pelas calçadas de Raca.

NAS SOMBRAS DO ESTADO ISLÂMICO

Por nossa liberdade. E Hugo seguia firme. Vendo seus movimentos ágeis, pensei: "Corre, meu amor, corre." Ele se virou e me disse:

— Vamos, mamãe, você vai conseguir também. Corre, mamãe, corre.

Acelerei o passo. Era meu filho que me encorajava e reanimava.

Desembocamos em uma rua mais ampla e comecei a procurar um táxi. Fui até o primeiro, cujo motorista parecia mais simpático, um sírio sem barba e com idade para ser avô. Dei o endereço da clínica Majfer Malik.

— Onde está o seu *maharam*? — perguntou ele. — Onde está o seu tutor?

Repeti:

— Majfer Malik.

Ele balançou a cabeça. Não iria correr o risco de aceitar uma passageira sozinha. Olhava para a frente, implacável. Procurei me afastar rapidamente.

Fiz mais três ou quatro tentativas, e quando já começava a perder a esperança, um motorista finalmente aceitou nos levar.

Precisava muito que meu médico tivesse voltado de Alep. Pediria que avisasse minha família na França, confessaria que estava fugindo e pediria ajuda. Ele não poderia recusar.

Finalmente chegamos. Entrei na clínica e me dirigi a uma das recepcionistas de quem Oum Adam tinha chamado a atenção naquela mesma manhã. Pedi para ver um médico, e a moça informou que todos já tinham saído, que seria preciso voltar no dia seguinte. Ergui o véu e deixei que ela visse minha expressão apavorada. Sem querer, minhas lágrimas começaram a escorrer. Não conseguia recuperar a calma, as palavras se atropelavam em inglês, eu gaguejava:

— Por favor. Não tenho para onde ir. Precisa me ajudar. Por favor.

O sorriso que recebi foi profissional, tão impenetrável quanto a recusa do taxista mais velho de pouco antes.

— Volte amanhã.

— Deixe-me passar a noite aqui, por favor.

— Sinto muito, não há leitos disponíveis.

Minha cabeça parecia que ia explodir. Falei baixinho:

— E em sua casa? Posso ir para a sua casa? Só por uma noite? Por favor.

Vi em seu olhar a chama vacilante do medo, do puro e brutal medo. O sorriso se manteve, mas eu sabia que ela se lembraria de Oum Adam e do seu revólver. Não me ajudaria. Por que poria em risco a própria vida por uma desconhecida? Insisti, mas sabia que era tempo perdido.

Eu tinha conseguido fugir, mas estava presa como um rato na ratoeira, naquela cidade onde não conhecia ninguém. O *niqab* oferecia anonimato na rua, mas fazia de mim um alvo. Ninguém me ajudaria. A cidade inteira vivia sob o império do terror. Estávamos perdidos.

Hugo e eu saímos da clínica. Minhas pernas tremiam, eu não conseguia pensar em nada.

Andamos sem destino pelas ruas. Logo estaria escuro, precisaríamos encontrar onde passar a noite, no dia seguinte eu pensaria melhor. Lembrei-me dos grandes canteiros de obra que tinham me chamado a atenção logo no primeiro dia, ao chegar. Mas, à noite, a temperatura caía muito. Temia que Hugo passasse frio, apesar da quantidade de roupas que colocara nele.

A síria do meu edifício voltou à minha cabeça. Era a única, desde que chegáramos em Raca, a ter demonstrado algum interesse sincero. Nada de extraordinário, para ser sincera. Somente uma pergunta, um sorriso que imaginei pela voz. Só isso. Mas não havia outra pessoa. Nem ideia. Ninguém a quem apelar.

Decidi bater à sua porta. No prédio em que morávamos. O mesmo em que moravam os meninos. Era como me jogar na boca do lobo, mas era a única esperança.

Na rua, vários táxis estavam estacionados, à espera de passageiros. Eu andava lentamente, passando-os em revista, tentando encontrar um que nos aceitasse. Tinha medo de ser denunciada.

"Este aqui não, está com o traje afegão, é simpatizante do Estado Islâmico. Este também não, de barba bem-aparada demais." O terceiro tinha cabelos curtos, cara limpa, barbeada. Aproximei-me cheia de esperança e pedi que nos levasse ao mercado central. Cansada e tensa como estava, não consegui me lembrar do nome do hospital do EI

NAS SOMBRAS DO ESTADO ISLÂMICO 111

Como referência, o hospital seria mais próximo do nosso edifício, mas consegui achar o caminho a partir do mercado.

Depois de uma rápida hesitação e uma olhada ao redor, o motorista nos deixou entrar. Enveredou pelo trânsito. Eu tentava ver o seu olhar no retrovisor. Ele não colocava nenhum *nashid* no rádio, os cantos de vitória que eram a única música autorizada pelo Estado Islâmico. Então, resolvi me arriscar: pedi que nos levasse à fronteira. Ele não falava inglês, mas o medo me dava habilidades inesperadas. Disse que era uma *mouhajir*. Insisti no nome de Sanliurfa, a cidade turca onde atravessara a fronteira. Encontrei as palavras em árabe para "família" e "dinheiro". Repeti "Eu pago, eu pago", mostrando minha bolsa.

O homem ouvia. Depois estacionou, fez um gesto para que eu esperasse e desceu do carro. Foi a uma pequena loja de trajes militares. Mantive-me em atenção máxima, sem perdê-lo de vista. Diante da loja, o comerciante e um outro homem conversavam. Era um ocidental convertido. Isso não era nada, nada bom. O motorista esperou respeitosamente que acabassem de falar.

Não pensei duas vezes. Abri a porta, agarrei Hugo pela mão e saí do táxi pelo lado do trânsito. Peguei-o no colo e corri entre os carros. Consegui atravessar e entrar na primeira ruela. Hugo estava agarrado em mim, com as mãos na minha nuca, as pernas em torno dos meus quadris, e corri até não ter mais fôlego. Sentia que me olhavam. A maneira como Hugo estava agarrado no meu corpo ajustava muito o traje e deixava que minhas formas ficassem aparentes. Mas nada poderia me fazer parar. Continuei correndo.

Estava com calor, sem respiração, a musculatura dos meus braços ardia, mas não largaria meu filho. Diminuí o ritmo apenas para não chamar tanto a atenção e tentei tomar a direção do nosso antigo edifício. Não reconhecia as ruas. Andamos uma hora sem rumo até que comecei a me localizar.

15

Na boca do lobo

Havia, embaixo da grande escada em caracol do edifício, uma espécie de depósito, utilizado para guardar produtos de limpeza, móveis fora de uso, vasos de planta vazios. Não podia estar certa de não encontrar alguém, mas não tinha escolha, não poderíamos continuar na rua.

Com Hugo sempre colado em mim, entrei rapidamente e fui direto para o depósito. Ninguém no hall. Abri a porta e voltei a fechá-la assim que entramos. Até que enfim! Estava extenuada e me sentei no chão. Hugo se mantinha colado a mim. Recuperei meu fôlego na penumbra.

— Filho, não podemos fazer barulho. Vamos voltar e encontrar o papai. Mas vai ser preciso tomar muito cuidado. Você entende? Tem uns tios malvados que não querem nos deixar ir encontrar o papai. Então, temos que ficar bem quietos. Combinado?

Meu filhote concorda com a cabeça e aperta com força os lábios: som nenhum sairá dali.

Vigiava os barulhos da escada. Passadas de homem soaram acima das nossas cabeças e foram se afastando. Resolvi esperar a hora da reza, para não corrermos o risco de esbarrar em alguém. Para os muçulmanos, era impensável escapar dessa obrigação. As lojas fechavam, e patrulhas faziam esse tipo de vigilância. Teoricamente, uma surra de cassetete bastava para os que se atrasavam, mas, em geral, a punição consistia em chicotadas, multa e um curso obrigatório de doutrinamento. No reino do EI, não era nada saudável ser considerado um homem de pouca fé.

Com relação às mulheres, o controle era menos rígido, uma vez que éramos dispensadas da reza nos períodos menstruais.

NAS SOMBRAS DO ESTADO ISLÂMICO

Finalmente ouvi o chamado do imame. Esperei mais um momento para estar certa de que tudo estaria mais calmo, peguei a mão de Hugo e saímos do depósito. Subimos os degraus, mas mal conseguia erguer os pés, parecia ter gasto minhas últimas forças naquela louca corrida pelas ruas de Raca. Tinha a dolorosa certeza de se tratar de minha última chance. Se a mulher fechasse a porta na nossa cara, só nos restaria a rua, onde acabaríamos sendo pegos. Nesse caso, iriam nos separar, e para mim seria a condenação à morte. Para Hugo, o orfanato, a escola corânica, a solidão e um horror tão grandes que só de pensar eu ficava aterrorizada.

No quarto andar, dei uma olhada nos sapatos deixados à porta. Não havia nenhum de homem, o pai devia estar na reza. Bati.

Pouco depois, a porta se abriu. A síria apenas amarrara uma echarpe cobrindo os cabelos. Vi um rosto simples e franco, mas com um olhar já preocupado. Batidas à porta podem sempre anunciar más notícias.

Retirei meu véu. Sem ser de propósito, lágrimas logo começaram a escorrer, como acontecera antes, falando com a recepcionista da clínica. Não disse nada. Olhei para ela, chorando. A mulher arregalou os olhos, primeiro, com medo, e, logo depois, compreendendo. Já a imaginava fechando a porta. Só então ela percebeu Hugo, a meu lado, bem-comportado e silencioso como eu tinha pedido. Ela ficou tensa.

Em seguida, recuou um passo e fez sinal para que entrássemos.

Só lá dentro tiramos os sapatos. Ela nos convidou a sentar na sala.

Madana falava inglês. Contei-lhe a minha história. Ela ficou surpresa. O que fora fazer ali, não sendo síria? Se ela pudesse, teria ido embora.

— E por que não volta para a França? Você pode, já que é francesa.

Era difícil, para ela, entender que o EI não permitia. Não entendia o interesse que o EI tinha em me manter ali, contra a minha vontade. Mas, afinal, tudo era possível, vindo da parte daqueles loucos.

— São uns monstros, uns assassinos. Estão aqui para torturar nosso povo.

Madana me contou que, poucos meses antes, em uma pracinha da vizinhança, dezenas de homens haviam sido executados em público pelos combatentes estrangeiros. Também apedrejaram muitas pessoas.

Enquanto falava, ela nos servia docinhos e chá. Aceitei um, sabia que precisava, a todo custo, recuperar alguma energia, mas meu estômago encolhera e me senti saciada e quase enjoada assim que tentei comer. Hugo, no entanto, não se fez de rogado. Nossa anfitriã o tempo todo o afagava, beijava e o pegava no colo. Eu não disse nada. Gostando de Hugo, ela faria o possível para salvá-lo. As crianças também se aproximaram, trazendo brinquedos, mas pedimos que não fizessem barulho.

— Conhece pessoas que saíram da Síria?

— Não conheço nem quem consiga sair de Raca. Não viu a quantidade de barreiras de controle nas saídas da cidade? Precisa ter um salvo-conduto especial.

Terminada a reza, o marido dela chegou. Madana tomou a dianteira, recebendo-o na porta. Pude ouvi-los falar baixinho. Nossa vida estava sendo decidida naquele momento. Ele deu uma olhada na sala e foi me cumprimentar. Era um homem de pequena estatura e magro. Pude sentir sua preocupação. Envergonhava-me de levar o perigo à sua casa e me desculpei por isso. Ele fez um gesto e explicou que iria dormir na casa de um amigo. Assim, em caso de busca, não poderiam entrar no apartamento. Teriam que levar uma policial do sexo feminino, e elas eram poucas. Ganharíamos tempo. Agradeci com as mãos no coração e ele saiu, deixando a mulher e os filhos em perigo por grandeza de espírito.

Madana e eu voltamos à nossa conversa.

— Vocês podem passar a noite, mas não ficar por mais tempo. É perigoso demais. Estamos cercados de gente do Estado Islâmico, você sabe. O edifício e o bairro inteiro estão cheios. Não podemos prometer mais do que isso.

— Do fundo do coração, obrigada. Com certeza acharemos uma solução. Talvez seja possível encontrar quem nos atravesse para o outro lado.

— Mas como? — perguntou ela, sem ânimo. — Em quem confiar? Dizem ser mais fácil em Tal Abiad.

Ela abriu um mapa e me mostrou:

— Veja. Poderia chegar lá de ônibus e depois perguntar.

NAS SOMBRAS DO ESTADO ISLÂMICO 115

— Mas perguntar a quem?

— Na própria rodoviária. Vai vê-los, os que fazem as travessias. Ficam perto da fronteira.

— Mas como sair de Raca? Não tenho o direito de viajar sozinha.

Ela balançou a cabeça, aflita. Não sabia o que dizer. Não via solução.

— Seria bom que eu pudesse telefonar para o meu marido, na França.

Madana chamou o filho mais velho, Hassani, e mandou-o ao cybercafé para comprar créditos. O menino voltou uns vinte minutos depois. Digitei o código no meu celular, liguei para Julien e rezei: "Atenda, por favor, atenda."

No segundo toque ouvi sua voz, trêmula de emoção:

— Sophie?

— Julien, nós fugimos. Preciso de ajuda. Avise ao Serviço de Segurança Interior, à DGSI.

16

Encontrá-los

— Julien, nós fugimos. Preciso de ajuda. Avise ao Serviço de Segurança Interior, à DGSI.

Era a voz de Sophie, desesperada.

— Fugimos. Estamos ainda em Raca, na casa de uma família síria, mas não sei se vamos poder ficar por muito tempo. Todos têm muito medo. Disseram que só podemos ficar por 24 horas.

Naquela noite, eu havia saído para comprar uma pizza e o celular tocou. Fiquei paralisado. Era o toque que eu tinha escolhido para o número dela, o trecho de uma música de que gostamos e com um refrão, *There she comes*, que de repente parecia muito apropriado...

Minha esposa e meu filho tinham viajado há mais de dois meses, e havia duas semanas eu não recebia mais notícias deles. Duas semanas em que temia, a qualquer momento, descobrir que estavam mortos. Sem fôlego, parei no escuro embaixo do nosso edifício, com o embrulho da pizza que esfriava debaixo do braço e o telefone queimando em meu ouvido. Avisar à DGSI? E o que ela achava que eu tinha feito naquelas últimas semanas?

Quando Sophie disse, ao voltar de férias na ilha de Gorée — onde havia ido visitar a tia de um menino da casa de bairro —, que queria viajar de novo, dessa vez para a Turquia, fiquei até contente que levasse Hugo. Eu estava cansado de fazer tudo sozinho. Há meses ela vinha se afastando, cada vez mais envolvida com o trabalho, sempre às voltas com outras pessoas. "Que vá", pensei comigo mesmo. Vai arejar um pouco a relação. Havia algo meio confuso em seus planos, mas eu estava cansado e não quis entrar em detalhes.

NAS SOMBRAS DO ESTADO ISLÂMICO 117

Um dia antes da viagem, eu havia recebido um e-mail de um certo Jimmy Hendricks. O texto era todo escrito em letras maiúsculas e cheio de erros ortográficos. Parecia apenas uma brincadeira de mau gosto. Mas as palavras não deixavam sombra de dúvida: "Sua mulher e o seu filho partem para o *jihad*. Preste atenção, não os verá mais."

Pensei naquelas palavras o dia todo. Minhas filhas do primeiro casamento passavam a tarde lá em casa. Só depois de devolvê-las à mãe telefonei para Sophie:

— E então, parece que é uma viagem sem volta que você está preparando?

Notei a surpresa do seu silêncio. Resolvi ir um pouco mais longe:

— Estou na frente de uma delegacia de polícia, Sophie. Vou entrar e denunciá-la.

No entanto, eu mesmo não acreditava naquilo. Não muito.

Uma enxurrada de palavras vieram do outro lado do telefone. Ela estava louca de raiva. Levei uma bronca. Era chocante, para ela, que eu desse ouvidos a idiotices daquele tipo. Partir para o *jihad* com Hugo? Eu não havia encontrado nada melhor? Ela me contou que um adolescente, excluído das atividades da casa de bairro por mau comportamento, estava fazendo coisas desse tipo para se vingar. Cyril, um colega seu que também havia estudado comigo no ensino médio, também recebera um e-mail cheio de ameaças. Coisas assim não podiam ser levadas a sério. Era maluquice de um garoto com raiva.

Em momento algum lembrei que a melhor defesa era o ataque, e que tanta veemência por parte dela podia ser sinal de culpa. Acreditara no que dizia. Inclusive pedira desculpas por ter dado crédito a semelhante absurdo. Ela me dissera que resolveria o problema, ligando imediatamente para o jovem de quem desconfiava. Despedi-me com um "Nos vemos então logo mais".

Na manhã de sexta-feira levei Sophie e Hugo ao aeroporto. Estávamos tristes e cansados. Prometi manter a casa limpa. Para fazer graça, assim que cheguei no apartamento enviei fotos minhas em plena faxina. Mudei os móveis da sala de lugar. Eu sabia que estávamos mesmo precisando dar um tempo, mas queria que isso, de fato, nos

118 ENCONTRÁ-LOS

ajudasse. Durante todo o fim de semana pensei em nós e em nosso relacionamento. Enquanto isso, ela voava para a Síria.

Na tarde de segunda-feira, meu celular tocou no momento em que eu terminava uma aula. Era Cyril, o colega de trabalho de Sophie que estudara comigo no ensino médio. Atendi.

— Oi, Julien, estou ligando para saber de Sophie.

Meu coração se acelerou. Não teria por que ele ligar para mim para ter notícias de minha esposa, que era sua colega.

— Ela viajou de férias para a Turquia.

— Caramba!

Percebi que ele falava com alguém ao lado.

— Por quê? O que está havendo? Cyril!

— Você está em casa? Fela e eu vamos dar uma passada aí.

Chegamos quase ao mesmo tempo. Sentamos na sala. Queria que dissessem logo tudo que sabiam, estava assustado.

E tinha motivos para estar. Descobri que Sophie havia pedido demissão há um mês. Terça-feira fora seu último dia de trabalho, e ela não quisera a tradicional despedida dos colegas.

Os dois a conheciam desde que ela entrara na casa de bairro. Ouvi atentamente.

— Ela mudou, realmente mudou muito. Ficou mais fechada. Não falava mais conosco. Fazia muitas coisas... estranhas. Ficou íntima de algumas famílias. A de Idriss, sobretudo, um daqueles jovens que partiu para a Síria. Diariamente, depois do trabalho, ia à casa deles. Não imaginamos que você não soubesse. Ficávamos sem graça de nos meter.

Recebi as informações assim de uma só vez, como uma série de pequenos golpes rápidos. Assimilei como pude. A humilhação, o medo e a raiva disputando prioridade. Dezenas de mentiras dos últimos meses começaram a vir à tona. A maior delas, é claro, foi a demissão. Eu olhava para eles sem coragem de dizer o que se passava em minha cabeça. Todos sabíamos que a Turquia é o ponto de passagem para a Síria. Mas não conseguia acreditar. Era grotesco demais. Loucura demais.

— Ela não poria Hugo em perigo, é boa mãe.

NAS SOMBRAS DO ESTADO ISLÂMICO   119

— Não é mais a mesma pessoa, meu amigo — disse Fela com delicadeza.

— É impossível! — Recusei-me a acreditar.

No entanto, a verdade era que eu não sabia onde eles estavam. A última mensagem havia sido enviada no dia anterior. Eu tentava ligar várias vezes, o celular dava como desligado ou fora de área.

Cyril propôs que eu conversasse com o irmão de Idriss, e aceitei a sugestão. Ele marcou um encontro perto de sua casa, e seguimos os três para lá.

Marwan era o irmão mais velho de Idriss. Os dois nunca tinham sido muito ligados, e o mais velho sempre zombara da conversão do caçula, irritando-se com suas lições de moral e intransigência. À medida que Idriss fora se radicalizando, as relações tinham ficado mais tensas. E Marwan não perdoava o que ele fizera à família. Não só os pais haviam ficado arrasados, mas uma das irmãs menores, por influência dele, também tentara a aventura e, atualmente, se encontrava presa com o namorado, na Turquia.

Sentamo-nos no café do conjunto residencial, e Marwan imediatamente confessou ter me enviado a mensagem na véspera da viagem de Sophie. Fiquei furioso:

— E por que não assinou? Por que não telefonou?

— Não nos conhecemos. E eu não tinha certeza. Eram suposições. É verdade que vi a mudança da sua mulher. Ela estava o tempo todo em contato com meu irmão por Viber. Isso foi fazendo a cabeça dela.

De fato, nos últimos tempos, Sophie estava sempre no telefone. O aparelho vibrava o tempo todo. Raramente ficava em casa, mas, mesmo quando estava em casa, a cabeça parecia longe. Agora eu sabia onde estava.

— Sabe? É tudo o que quem foi para lá quer: atrair outras pessoas. Para que não fiquem sozinhos, como uns idiotas.

— E acha mesmo que Sophie está na Síria?

— Não tenho certeza, mas creio que sim ou, em todo caso, a caminho. Sinto muito, cara. Meu irmão ficou louco. Semeia a desgraça ao redor dele.

Voltei sozinho para casa, parecendo um robô. Primeiro, acionei o número especial do governo para denúncias de radicalização jihadista.

ENCONTRÁ-LOS

Mas o plantão ia só até as 17h e já passava do horário. Fiz algumas pesquisas na internet e descobri um site, também governamental: www.stop-djihadisme.gouv.fr. Assisti a um vídeo ingênuo e nada convincente, li um material que lembrava os manuais de segurança de aviões, tentando ver se reconhecia minha mulher nos sintomas sugeridos. Os sinais indicados eram os seguintes:

Evita os amigos antigos, por considerá-los agora impuros? Pelo menos comigo, Sophie nunca usara tal vocabulário. Mas era verdade que saíamos menos. Ela tinha seus afazeres particulares, e eu acabava de descobrir que sabia bem pouco a respeito do que ela fazia.

Rejeita os membros da própria família? Fui obrigado a reconhecer que os víamos muito menos que antes, e isso não me incomodava, pois eu achava que Sophie finalmente estava assumindo alguma independência. Era algo, então, de que eu não me queixava. Mas talvez tivesse outras motivações.

Mudou os seus hábitos alimentares? Com certeza, não comia mais presunto. Mas continuava a comprar e inclusive preparava carne de porco para Hugo. Ela se tornara muçulmana, eu sabia, e procurava sua maneira própria de praticar. Mas nada que me parecesse o comportamento de um fanático.

Continuei a leitura:

Seu familiar ou amigo abandonou a escola ou a formação que seguia? Nesse ponto, parei. Ela havia pedido demissão sem me dizer nada. O grau de minha preocupação subiu. Rapidamente, fui às outras perguntas: Sophie não deixara de ouvir música, mas havia parado com a zumba. Lembrei-me de uma discussão que ela me contara que tivera com Idriss, há alguns meses. Ele era contra o fato de todas aquelas mulheres rebolarem na sala de dança da casa de bairro e pretendera proibir a irmã de frequentar as aulas. A história, na época, não havia me interessado muito: jovens machistinhas querendo controlar as irmãs não são nenhuma novidade em nossos conjuntos residenciais, nem em outros lugares. Mas agora eu voltava a pensar nisso, surpreso. Se ela realmente tivesse partido para a Síria, querendo se juntar ao Estado Islâmico, suas convicções tinham radicalmente se transformado em poucos meses. Era algo que me parecia absolutamente impensável. As indicações seguintes diziam respeito à maneira de se vestir — que pouco havia mudado —, às opiniões políticas — ela jamais se vinculara a nenhuma — e à consulta de sites de propaganda islâmica. É claro que esse último sinal seria eloquente, mas eu não tinha a menor ideia sobre o tipo de assunto que ela pesquisava na internet. Dos nove sintomas elencados, achei que ela apresentava três e meio. Cruzei os dedos. Talvez não fosse essa a explicação. Talvez estivéssemos todos inventando uma ficção. Tentei mais uma vez ligar para seu celular, mas novamente caiu na caixa de mensagens. Cliquei, então, em um ícone do site que dizia: "Se quiser comunicar uma situação alarmante." Preenchi um formulário, informei minhas coordenadas e resumi minha preocupação em um pequeno texto. Na indicação "parentesco com a pessoa" tive que clicar em "outros", pois as escolhas apresentadas eram pai/mãe ou irmão/irmã. Acrescentei que queria ser contatado.

Jamais tive algum retorno.

Vesti meu casaco e fui à delegacia de polícia.

— Quero declarar o desaparecimento preocupante de uma pessoa: minha esposa.

O policial de plantão trocou um rápido olhar irônico com um colega.

— Sua mulher está desaparecida?

— Sim, com nosso filho de 4 anos.

O sujeito assumiu outra postura, parecendo levar o caso mais a sério. Eram duas horas da manhã.

Resumi a situação. Quando disse que Sophie tinha nascido no Congo, os policiais voltaram a trocar um olhar, como quem dizia: "Pronto, está explicado, era só ter escolhido melhor a esposa." Controlei a irritação, não ia querer encrenca com a polícia francesa àquela hora. Os policiais me fizeram muitas perguntas, seguindo meticulosamente um formulário. Muitas delas eram as mesmas do site. Respondi com cuidado, tentando nada omitir, mas sem querer também agravar a situação. Não tinha certeza ainda de não estar simplesmente inventando coisas. Mas quando disse que, para pagar a viagem à Turquia, ela havia sacado todo o dinheiro que poupáramos para o futuro do nosso filho, ele estremeceu:

— Qual montante?

— Mil e trezentos euros.

O policial ficou penalizado com minha estupidez. Como explicar que Sophie não estava bem? Que a viagem com fins humanitários me parecera uma boa solução para um mal-estar pessoal que estragava não só a vida dela, mas também a nossa, de casal à beira da separação? Deixei passar. Saí de lá às 5h da manhã e fui para casa dormir. Algumas horas depois me ligaram da delegacia. A unidade de plantão noturno havia registrado o caso, e os policiais pediam que eu voltasse durante o dia. Fui imediatamente, e passei por um novo interrogatório. Eles sabiam a respeito de Idriss, Mohammed e Souleymane, e fizeram perguntas mais pertinentes e pessoais. Estavam com alguém que se apresentou como sendo do serviço de inteligência, mas que se limitou a ouvir e tomar notas.

— Devo registrar uma queixa?

— Não é necessário. Além disso, pareceria meio idiota e duplamente enganado, pois, afinal, o senhor a levou ao aeroporto.

De fato...

À tarde, meu telefone não parou mais de tocar. O site do jornal *Le Parisien* publicou um artigo que foi compartilhado por todos os sites de extrema-direita e contrários à União Europeia. Possivelmente, os policiais da noite haviam vendido o caso a algum jornalista. O título "Congolesa parte para o *jihad* com o filho de 4 anos" serviu de alerta às nossas famílias, e minha ex-esposa foi informada pelas filhas e por amigos... Todo mundo havia visto ou lido alguma coisa e queria saber o que estava acontecendo. Os comentários na internet eram dos mais instrutivos. De modo geral, propunham que Sophie fosse mandada de volta ao Congo e que se proibisse o islã na França... Senti-me obrigado a responder aos conhecidos, dizendo que Hugo e Sophie tinham ido à Turquia e eu não recebia notícias há dois dias. A irmã dela teve uma violenta crise de choro. Meus pais, que estavam aposentados e moravam na região de Vosges, desligaram depois de uma dolorosa falta do que dizer ao telefone. Todo mundo fazia sempre as mesmas perguntas, para as quais eu não tinha respostas. Querendo tranquilizá-los, eu dizia: "Nosso serviço de inteligência

NAS SOMBRAS DO ESTADO ISLÂMICO 123

tem como implantar uma câmera no rabo de um camelo em pleno deserto iraquiano para explodir um alvo. É óbvio que vão localizá--los rapidamente. Não se preocupe."

Engano meu. Visivelmente, o serviço de inteligência tinha coisas mais importantes para fazer além de ajudar uma pessoa a encontrar sua mulher e seu filho. Aliás, hoje em dia inclusive duvido que sejam capazes de implantar o que quer que seja em um lugar qualquer.

À tarde me ligaram da delegacia, pedindo que eu voltasse. No final das contas, para adiantar o processo, era melhor que eu registrasse uma queixa.

— Se ela voltar, posso retirar a queixa?

— É claro que sim.

Não me explicaram que retirar a queixa não significa fechar o processo. A decisão cabe ao procurador e, tendo havido o sequestro de uma criança, ele dificilmente seria misericordioso. Mas eu não sabia disso, então, apresentei queixa de "subtração de menor por genitor".

No dia seguinte, contatei meus superiores e tirei uma licença médica. Mas precisei explicar o que estava acontecendo. Dizer "minha mulher, Sophie, fugiu para a Síria, levando nosso filho de 4 anos" foi mais difícil do que tudo que eu já fora obrigado a fazer na vida. Via o constrangimento no olhar das pessoas e imaginava as perguntas que não se atreviam a fazer em voz alta: "Como deixou isso acontecer?", "Como não desconfiou de nada?". Era compreensível, no lugar delas eu, provavelmente, pensaria a mesma coisa.

Depois disso, procurei a escola de Hugo para explicar sua ausência. Foram todos de impressionante delicadeza.

— Gostaria de receber os desenhos e o material dele? — perguntou a professora.

Um sobrinho de Sophie, Christophe, filho mais velho de Alice, foi me ajudar assim que soube. Na sala tão arrumada e brilhando de limpa, demos telefonemas e enviamos e-mails a todas as pessoas possíveis e imagináveis — ao Ministério das Relações Exteriores, à Embaixada da França na Turquia, ao escritório consular da cidade mais próxima da fronteira síria —, aleatoriamente. Quem sabe poderiam pará-los antes de fazer a travessia? Procurei na internet e no Facebook várias pessoas envolvidas. No caso dos três rapazes, os perfis diziam muito. De início bastante normais, cheios de brincadeiras de gosto duvidoso e selfies, os murais foram mudando pouco a pouco e se cobrindo de suratas, primeiro em francês, depois em árabe. Suratas para todo os gostos. Eles respondiam a qualquer coisa com uma surata. Em seguida, suas publicações foram diminuindo: tinham abandonado completamente as suas páginas desde que tinham partido para a Síria. Fazendo, porém, alguns recortes, descobri um perfil que Idriss abrira com outro nome, e nele o tom era outro. Era uma pregação inflamada contra o Ocidente, entrecortada de idiotices políticas e fotos de propaganda. Tudo aquilo me deixou abismado. Como Sophie fora se meter em uma história daquelas?

Christophe e eu escrevemos para o presidente François Hollande e para o ministro Cazeneuve, e recebemos as respostas de praxe. Telefonei, também, para todos os ex-colegas de Sophie, mas só consegui confirmar que ela nos últimos meses havia mudado muito e, mais ainda, mentido para mim.

À noite, sem conseguir dormir, fiquei vendo televisão e fumando como uma chaminé.

A primeira boa dica veio de Benjamin, ex-colega de um estágio que tínhamos feito juntos como professores iniciantes e que agora trabalhava na imprensa. Ele me pôs em contato com Dounia Bouzar, especialista em radicalização islamita. Antropóloga, socióloga e muçulmana, ela se dedica de corpo e alma ao combate contra o aliciamento. Liguei imediatamente:

— Há nove dias não tenho notícias de minha esposa e de meu filho.

— Não adianta querer se enganar: ela, provavelmente, está a caminho da Síria.

Gostei da franqueza. Dounia continuou:

— Mas ela vai entrar em contato. E esse momento é crucial. O principal é que não a critique. Não a sobrecarregue falando do que é certo ou errado. Não adiantará nada, só a afastará. Tente ver as coisas da seguinte forma: uma desconhecida tomou o lugar da pessoa que você conhece e ama. Vai ser preciso trazer essa pessoa de volta. Reviva as lembranças, relembre os momentos de intimidade, o pas-

NAS SOMBRAS DO ESTADO ISLÂMICO

sado feliz. Pense o seguinte: ela se esqueceu de tudo isso, mas está tudo ali, perto da superfície. Pode-se tentar, também, o misticismo. É preciso falar uma linguagem que ela entenda.

— Nisso terei dificuldade. E ela me conhece bem, sou cartesiano demais. Não seria levado a sério.

— Mesmo assim, tente. Encontre uma maneira. Não é mais a linguagem da razão que ela fala, é a dos sentimentos e a da exaltação religiosa.

— Não entendo. Ela os chamava de "loucos". Dizia não ser isso o verdadeiro islã. Criticou duramente os tais rapazes por terem partido. "Estão arrasando as suas famílias", ela comentou na época. Realmente não entendo.

— Vai precisar se acostumar com isso: ela mudou. Nos meses anteriores à viagem, ela, com certeza, usou uma linguagem ambígua. É como um filme de espionagem: ela fez de tudo para que não desconfiassem. Por isso, mentiu. Você precisa ter coragem e aceitar.

Não podia dizer que era animador, mas já era alguma coisa. Para começar, sentei diante do computador e escrevi para Sophie. A partir daí, passei a enviar vários e-mails por dia, com fotos do nosso casamento, do dia em que fez o teste de gravidez ou imagens de Hugo em seu colo. Escrevia sobre amor, sobre a falta que sentia, sobre minha sensação de vazio. No início, foi difícil encontrar as palavras certas: eu queria gritar, brigar, mandar que voltasse imediatamente. O que eu tinha vontade de dizer era: "Sua maluca, traga Hugo agora mesmo, pelo amor de Deus!" Mas escrevia coisas bem diferentes. E, estranhamente, escrevendo para reacender em seu coração uma chama e trazê-la de volta ao bom senso, foi em mim que aconteceu uma profunda reviravolta. Redescobri, também, aquelas provas do nosso grande amor. Revi os momentos felizes, a cumplicidade que tínhamos. Coisas que vinham se apagando nos últimos tempos e das quais eu também me esquecera. Ou seja, querendo manipulá-la, voltei a me apaixonar por minha esposa.

Mas os dias se passavam e o silêncio continuava. Eu tinha a impressão de estar enlouquecendo. Passara a evitar minha família e todos com quem a conversa pudesse se tornar emotiva. Simplesmente não aguentava as perguntas e a indulgência das pessoas. Limitava-me, exclusivamente, aos que podiam me ajudar, que estavam atuantes, como eu. Cada dia trazia uma nova decepção, e a insegurança crescia.

Passei a evitar nosso quarto, ele me deprimia. Comecei a dormir no sofá da sala, assistindo, anestesiado, a programas sobre tatuadores nos canais de TV a cabo. Não sabia por quê, mas eles me acalmavam e me ajudavam a esquecer. Na mesa, espalhei os desenhos de Hugo, que acabei indo buscar na escola. Ir à sua sala de aula me deixou péssimo: as crianças colocavam seus casaquinhos, as que ficavam para o lanche seguiam na direção do pátio, era a hora de os pais irem buscá-las. Vi o menino que era o melhor amigo de Hugo; a mãe dele me olhou com piedade. A professora preparou uma sacola grande com todo o material, que eu levei para casa.

No décimo dia, recebi a primeira mensagem. Bem sucinta, apenas dizendo que estavam bem, na Turquia, e ela havia começado a trabalhar no orfanato... terminava me mandando um beijo.

Inquieto, pedi conselhos para Dounia. Respondi que estava com saudades, que o apartamento era vazio sem eles. Enviei uma foto dela grávida e disse que já havia terminado a arrumação da sala. Perguntei como estavam as coisas, repeti algumas palavras de amor e carinho.

— Não achei que ainda me amasse — foi a resposta simples e pouco animadora.

— Amo, sim. Por que não volta?

— Sabe? Eu não me lembrava dessa foto.

Compreendi que se sentia perdida. Percebi seu desamparo e inquietude. Insisti na volta.

— Não se preocupe, vou voltar.

E me tranquilizou dizendo que Hugo estava o tempo todo com ela.

Fiquei extremamente aliviado por saber que ainda estavam na Turquia. Precisava, a qualquer custo, impedir que atravessassem a fronteira. Se em dez dias ela ainda não havia feito isso, provavelmente hesitava, pensava eu. Escrevi dizendo que gostaria de ver o lugar em que estavam, para ter uma ideia, e ela prometeu enviar fotos. Enquanto as fotos não chegavam, ela enviou uma gravação da voz de Hugo, dizendo: "Te amo, papai. Sinto muito a sua falta. É o meu

NAS SOMBRAS DO ESTADO ISLÂMICO 127

melhor amigo." Ouvi aquilo chorando, no sofá, sem conseguir me manter de pé.

Pouco tempo depois, recebi uma foto dela com Hugo, em um plano que não deixava ver muita coisa. Com a ajuda de Christophe, consegui ampliá-la o suficiente para verificar o fundo. Graças ao Google Earth era possível situá-los na região de Sanliurfa, na Turquia, bem perto da fronteira síria. Era uma bela cidade, na encruzilhada de todas as religiões e de todo tipo de tráfico. Entusiasmados, voltamos a contatar a Embaixada na Turquia para tentar confirmar nossa intuição. Enviei a imagem por fax. Um dos funcionários respondeu concordando e achando reconhecer a barragem Ataturk, no Eufrates.

Minha vontade era partir imediatamente. Imaginei-me chegando na cidade para procurá-los, percorrendo as ruas atrás de informações, mostrando às pessoas a tal fotografia. Reviraria tudo de cabeça para baixo, até encontrá-los. Mas todo mundo se mostrou contrário à ideia. Por motivos de segurança, optei por não ouvir minha família. A DGSI, assim como Dounia Bouzar, no entanto, explicaram que minha presença poderia desencadear reações em série. Trata-se de uma área na Turquia que não oferece segurança. Um francês andando por Sanliurfa e fazendo perguntas sobre *jihadistas* certamente chamaria atenção. Se Sophie de fato ainda estivesse lá, seus contatos locais poderiam fazê-la atravessar a fronteira o mais rápido possível. Poderia ser perigoso para ela, para mim e para Hugo. Toda a região da fronteira estava, literalmente, infestada de elementos de apoio ao grupo Estado Islâmico, de espiões que procuravam identificar adversários do EI, sobretudo os membros do Exército Livre da Síria. Os assassinatos eram cotidianos.

Duas semanas se passaram, e todos aqueles dias escrevi e enviei mensagens. A falta que eles me faziam era enorme. As comunicações, difíceis. Quando ela conseguia ligar para mim, só conversávamos por poucos minutos, até a ligação cair, e o seu celular nunca estava ligado. Ela enviava e-mails rápidos, às vezes, uma foto de Hugo. Falava do trabalho no orfanato, sem nunca responder a qualquer pergunta mais precisa. Estava reticente, fugidia. Eu temia que ela desaparecesse totalmente do meu radar. Não sabia se o que ela dizia era verdade. Não sabia mais em que acreditar. Mas ela prometia que iria voltar, e eu me agarrava àquela promessa.

No dia 16 de março, recebi uma última mensagem, e depois, mais nada. O silêncio voltou. Três dias de insuportável silêncio.

No dia 19 chegou uma mensagem anônima: "Esqueça sua mulher e seu filho, estão no Estado Islâmico e não voltarão."

Fiquei louco. Estavam na Síria? No Estado Islâmico? Nunca mais os veria? A menos que fosse mais uma idiotice, do tipo de besteira que circulava. Como ter certeza? Era uma tortura.

Por intermédio de um amigo de infância que entrou para a polícia, consegui o número central da DGSI e parti para o ataque. "Uma cidadã francesa e uma criança! Precisam me ajudar! Talvez estejam sendo mantidos prisioneiros."

Do outro lado da linha um sujeito respirou fundo e me deu uma resposta sem qualquer ambiguidade:

— O senhor pare de nos encher a paciência e nos deixe trabalhar em paz.

Mas quem, então, poderia me ajudar? Permitiríamos que sumissem assim? Seria possível?

Finalmente, Sophie voltou a ligar. Mal reconheci sua voz. Ela falava muito baixo, febril, a toda velocidade.

— Calma, fale mais alto. Não estou ouvindo nada.

Ela explicou que precisava de um atestado médico que lhe comprovasse a necessidade de repatriamento. Telefonei imediatamente para um médico e expliquei a história inteira. Ele fez o atestado, que escaneei e enviei para o e-mail dela. Mais uma vez, fiquei sem notícias. E sem entender nada daquela história de atestado.

Em 23 de março, Dounia Bouzar me chamou para uma série de palestras organizadas por ela, em Porte de Pantin, em Paris, cujo tema era a fuga de jovens franceses para a Síria. No momento em que eu estava entrando na sala, meu celular tocou. Atendi imediatamente (estava vivendo como se estivesse ligado a um aparelho de transfusão intravenosa e com o telefone implantado em uma das mãos). Corri para fora da sala. Era a voz de Sophie, soluçando:

— Fale com alguém, não nos deixam ir embora.

NAS SOMBRAS DO ESTADO ISLÂMICO

E a ligação caiu.

Foi como uma explosão dentro da minha cabeça. Enfim, a confirmação assustadora: eles estavam na Síria. Agora eu sabia. Estavam vivos. Isso era um bom sinal. Presos. Isso era ruim. Por quem? Como? Onde? Ela não tivera tempo de dizer. O que senti em sua voz? Alívio, sim, ela estava aliviada por conseguir ligar, por eu atender. E um grande cansaço. Porém, estranhamente, também uma espécie de calma. Falava rápido, porque as comunicações eram ruins, e as ligações sempre caíam. De qualquer forma, parecia calma.

As pessoas passavam à minha volta. O evento prosseguia. Olhava o público: eram, principalmente, famílias brancas, francesinhos como eu, dos quais não era difícil adivinhar o drama. Fosse uma irmã, um irmão, um filho, todos ali tinham alguém que inexplicavelmente enlouquecera e partira, querendo espalhar morte e destruição por conta de uma organização terrorista. Em todos aqueles rostos preocupados e atentos, eu via a mesma coisa: a não compreensão.

Assim que Dounia desceu do palco, corri até ela e contei sobre o telefonema que acabara de receber. Ela me apresentou a um dos palestrantes, do Ministério do Interior. Expliquei tudo a ele, que me deu alguns conselhos. Todos, porém, quando eu dizia "Raca", disfarçavam. Eu sabia o que estavam pensando: não voltaria a ver minha mulher nem meu filho.

Avisei às nossas famílias que Sophie e Hugo estavam na Síria. Todos ficaram pasmos. Na casa da irmã de Sophie, o remédio usado era a oração. Minha cunhada cantava, acendia velas e procurava apoio na Igreja. Mas não era isso que iria trazer Sophie de volta.

Continuei a escrever, esperando que ela recebesse meus e-mails. Queria que soubesse o quanto pensava neles e me esforçava.

Recebi uma mensagem em que ela dizia estar bem, assim como Hugo, e que ninguém os maltratava. Esperava o momento de poder fugir.

Fugir? Imaginei-os em Raca, da qual tudo que sabia vinha das imagens assustadoras que circulavam. Não teriam a menor chance.

De novo decidi ir procurá-los. Poderia me passar por convertido. Bastaria decorar algumas suratas, algumas palavras em árabe, deixar crescer cabelo e barba. Mas se desconfiassem das minhas intenções, poderia ser perigoso para ela e para mim. Inventei fantasias em que os resgatava. Desespero. A falta de notícias era insuportável.

Diariamente ligava para meus contatos. O do serviço de inteligência, que de início me impressionara bem, agora me parecia ultrapassado. Eu já conhecia melhor que eles a situação e todo o processo. Não via como poderiam me ajudar. Da polícia, muito menos. A DGSI era o território do mutismo e da falta de clareza. Nos ministérios, belas frases e nada mais. Tinha a impressão de gritar no vazio.

No fundo, ninguém tinha vontade de ir atrás de uma suposta terrorista que havia partido para o *jihad* por vontade própria, mesmo quando eu explicava que ela parecia ter sido manipulada por uma seita — pois aquele islã radical nada mais era do que isso, uma poderosa seita de fanáticos. Como falar de livre-arbítrio quando se tratava de alguém que sofrera uma lavagem cerebral por técnicas de propaganda eficazes e várias vezes comprovadas?

Só conseguia eventualmente despertar algum interesse pelo fato de haver uma criança envolvida. Sem isso, ninguém me responderia, e Sophie estaria perdida.

No dia 10 de abril, ela me enviou uma mensagem pelo WhatsApp. Contou dos problemas de saúde: foi operada de um cisto no ovário, mas visivelmente as coisas não estavam bem. Havia sangue no estômago e surgira uma pequena hemorragia. Fora operada novamente, e estava hospitalizada.

Nenhuma notícia de Hugo. Onde ele estava durante aquele período de internação? Fiquei apavorado! Sophie morreria e ficariam com o meu filho.

Fiquei sem ter notícias durante 13 dias.

Nada! Continuei escrevendo e tentando ligar. Percorria toda a casa, com insônia. Acendia os cigarros com a guimba do cigarro anterior. Deixei de ter vida própria. Não atendia mais as chamadas dos meus pais: as perguntas aflitas que faziam, como eco das minhas, me deixavam louco. Larvas de protozoário tinham uma existência mais rica do que a minha. Atravessei fases de desvairada esperança, de exaltação intensa, em que me convencia de que alguma coisa iria

NAS SOMBRAS DO ESTADO ISLÂMICO 131

acontecer, que eles iriam voltar, que alguém iria me ajudar, e também tive momentos de desânimo, tão brutal que tinha a impressão de sentir meu espírito saindo de mim. A loucura me rondava.

Por horas a fio me questionei, devorado pela culpa. Repassava toda a história, de cabo a rabo. Com quem vivera aquele tempo todo? Será que a conhecia tão mal? Ela mentira tanto! Quando relembrava os sinais que poderiam ter me alertado, me dava vontade de gritar. A falta de entendimento e o crescente distanciamento entre nós não tinham me deixado ver. Como tudo estava mal e eu tinha necessidade de mais espaço, não lutara contra o progressivo afastamento. Talvez não o tivesse provocado, mas o permitira. Ela voltava o mais tarde possível do trabalho? Ótimo, eu ficava tranquilo em casa com Hugo, e depois que ele dormia eu, calmamente, ia fumar na varanda. Percebera que não éramos mais um casal. A confiança entre nós havia acabado.

A habilidade com que ela agira para me convencer a deixá-la partir me deixava atônito e, ao mesmo tempo, furioso. "Como permitiu que Sophie levasse Hugo?", perguntou cem vezes minha mãe. A pergunta era uma verdadeira paulada. No entanto, era real, não entendia como ela tinha levado nosso filho de 4 anos, sem que eu soubesse exatamente para onde iam. Não havia um endereço específico. O projeto era impreciso e até suspeito. Era realmente vergonhoso da minha parte. Ela se aproveitara das minhas fraquezas e, também, do meu cansaço. Desde que a prática religiosa se tornara mais intensa e sobretudo desde que passara a se envolver tanto na vida de algumas famílias que ela acompanhava profissionalmente a distância entre nós fora aumentando.

A cada dia me sentia mais torturado e irritado. Relembrei a mensagem que havia recebido, me avisando da viagem de Sophie. Por que não telefonara para Cyril e falara sobre isso? O pseudônimo de quem havia me fizera pensar nele (Jimmy Hendricks, e o apelido de Cyril era Dricks). A maneira como a mensagem havia sido escrita permitia que se suspeitasse de algum jovem da casa de bairro: erros de ortografia, sintaxe confusa, emprego de maiúsculas, além da facilidade para criar uma falsa identidade e um endereço eletrônico. Tudo indicava um jovem. Eu poderia ter perguntado.

Se tivesse feito isso, teria sabido que Sophie havia pedido demissão sem me contar. Teria sido desmascarada, seus planos iriam por água abaixo e Hugo não teria viajado. Parecia que eu tinha passado meses dormindo.

Fiquei arrasado.

No entanto, continuei a escrever, a relembrar os dias felizes, ressuscitando-os também para mim. Quando me dirigia a ela, precisava sufocar a raiva e, estranhamente, a raiva deixava mesmo de existir. Estava sendo totalmente sincero ao colocar em prática a estratégia aconselhada por Dounia Bouzar. Talvez até mais sincero do que se me deixasse levar pela raiva. Imaginava ser também o que ela estava sentindo, nos últimos meses, isolando tão bem os diferentes universos de sua existência. Quem sabe, à sua maneira, também fosse sincera em cada um deles. E sincera, igualmente, ao me enviar fotos de Hugo no avião, ou quando se despedira dizendo "Até breve"...

Certa manhã, na janela da cozinha, encarei as coisas de frente: "Eles estão mortos. Não os verei mais. Hugo e Sophie estão mortos. Acabou."

E foi na noite desse dia que meu celular tocou. Eles estavam vivos. Em perigo, mas vivos.

17

A célula de crise

Meu sangue gelou.

— E Hugo, como está?

— Está bem, brincando com os filhos da senhora que nos dá abrigo.

— O seu telefone está recebendo chamadas?

— Está, sim, temos o sinal do cybercafé.

— Então não saia daí. Espere que daqui a pouco ligarei de volta.

Desliguei e dei um telefonema para o celular do meu contato no Ministério das Relações Exteriores. Resumi a situação. Ele disse estar tomando nota. Minha mulher estava foragida em pleno centro de Raca e ele tomava nota. Claro. Não iríamos longe daquele jeito. Ainda estava na rua. Peguei a pizza que deixara na mureta do edifício e me dirigi apressadamente para casa, digitando o número do oficial do serviço de inteligência. Outro que tomou notas. Já no apartamento, liguei para Benjamin, o amigo que me deu a referência de Dounia Bouzar. Ele atendeu no primeiro toque.

— Sophie e Hugo fugiram. Estão na casa de uma família, mas não podem ficar mais do que um dia. As vias oficiais não vão fazer nada. É preciso tirá-los de lá.

Já havíamos conversado sobre aquilo antes. Ele me falara sobre o filho de um colega, chamado Anton, que havia morado na Síria antes da revolução. Era um jovem militante com contatos no Exército Livre, que ele continuava apoiando, mesmo de longe.

— Vou ligar para Anton — disse Benjamin.

Comecei a rezar para que Anton respondesse e nos ajudasse. Imaginei algo como um agente secreto, um mercenário, como nos filmes, sem medo de nada, bom de briga e seguro de si. Benjamin me ligou de volta.

— Falei com Anton. Ele está com um amigo sírio, Majid. Podem organizar uma fuga clandestina, mas, em geral, precisam de mais tempo. O ramo secreto do Exército Livre em Raca faz verificações para evitar armadilhas montadas para desmascará-los. Parece ser algo frequente. Sophie precisa ficar pelo menos dois dias onde está.

— Acho que não vai ser possível. A família em questão está com muito medo.

— Passe-me o número dela, eles vão tentar fazer contato. É agora que tudo vai acontecer, Julien. Se ela não conseguir convencer Majid de sua sinceridade, receio que nada funcione. Sabe como ela conseguiu fugir? Eles estão preocupados com isso também.

— Não sei dizer, mas ela precisa de ajuda.

— Vamos tentar. Tem mais uma coisa...

— O quê?

— O Exército Livre pede dinheiro para organizar a fuga.

— Muito?

— Trinta mil euros.

Perdi a voz. Era uma soma enorme.

— A operação é complicada de se organizar, mais ainda do que no geral. Para começar, Sophie é negra e, com isso, mais facilmente identificável. Em seguida, há a urgência... Será preciso corromper pessoas. São coisas que custam dinheiro.

Engoli em seco.

— Quanto tempo tenho para conseguir o dinheiro?

— Não vão querer trabalhar a crédito. É preciso garantir o dinheiro antes de começar a operação.

— Mas nunca vou conseguir juntar trinta mil euros em 24 horas.

Sou professor do ensino fundamental, meu orçamento beira o zero no final do mês, não tínhamos sequer uma poupança. O pouco de que dispúnhamos estava em nome de Hugo, economizado de migalha em migalha desde que ele havia nascido. E Sophie pegara tudo antes de partir.

— Você precisa tentar. Vamos ajudar. A gente consegue.

Enquanto Anton e Majid entravam em contato com Sophie, comecei a correr atrás do dinheiro. Liguei para os meus pais. Apavorados, eles não entendiam:

NAS SOMBRAS DO ESTADO ISLÂMICO

— É para pagar um resgate? Não damos nada antes de vermos nosso neto. Como ter certeza de que vão devolvê-lo?

Tentei explicar não se tratar de resgate, mas de um dinheiro para financiar as operações, que eram obviamente caras, e também para alimentar o combate do Exército Livre. Só que eu mesmo não tinha certeza de nada. Não conhecia nenhum Anton nem Majid, não sabia de nada que acontecia por lá, além do que se lia nos jornais. Meus pais tinham razão, talvez fosse um conto do vigário, talvez perdêssemos tudo. Mas seria nossa única chance, o primeiro lampejo de esperança nas últimas semanas. Estava disposto a correr o risco. Reticente, meu pai disponibilizou o pequeno montante que eles tinham juntado para a aposentadoria. Consegui mais algumas centenas de euros com colegas que estavam a par dos acontecimentos. Tive vontade de bater com a cabeça contra a parede: conseguira apenas quatro mil euros, dos trinta de que necessitava. Ideias mais ou menos malucas me vinham à mente: assaltar um banco? Vender os móveis? Pedir um empréstimo? Nada poderia ser feito tão rápido assim.

No dia seguinte à noite, tive um encontro no sul de Paris, na casa que seria a nossa célula de crise. Bati à porta. Um rapaz de cerca de vinte anos, franzino e sorridente, abriu e se apresentou:

— Julien? Sou Anton.

Fiquei paralisado. Anton? Meu salvador? Estava mais para estudante do que para agente secreto.

— Não sou o que esperava?

Fiquei muito confuso:

— Anton! Não sei como agradecer. Não, não esperava alguém assim. Mas, desde já, tem meu eterno agradecimento.

Entramos. Majid tinha a mesma idade. Era estudante de jornalismo, refugiado na França. Também não parecia nenhum Rambo. Mas estavam ali, interessados, corajosos. Os únicos que haviam aceitado ajudar.

— Vamos tirar sua mulher de lá — disse Majid. — Falamos por telefone, e ela me convenceu. Terminou com um "Help me" e não está mentindo. Garanti a meus contatos locais não ser uma armadilha. Vamos tirá-la de lá.

Depois Benjamin chegou, com ares triunfantes e uma sacola esportiva na mão:

— Cara, fiz uma colheita das boas!

Nos instalamos na cozinha e ele colocava sobre a mesa o dinheiro que conseguira captar em poucas horas, entre os seus conhecidos de trabalho. Acrescentei meus quatro mil euros, sendo boa parte em notas de vinte e de cinquenta, vindas da contribuição de amigos. Sentamos em volta da mesa, Anton e Majid, com celulares que vibravam a cada cinco minutos, Benjamin e eu, e repartimos as somas. Observava, emocionado, nosso grupo excêntrico, reunido em torno de um objetivo em comum, e achei que parecíamos homens que participavam de um complô, ou traficantes de drogas, ou assaltantes de banco contando o ganho. Havia notas de todos os valores e até moedas, além de envelopes em que as pessoas haviam colocado os seus nomes. Contamos e voltamos a contar. Se pelo menos chegássemos ao necessário...

Mas o total era de 28 mil euros. Uma fortuna, mas não o suficiente.

Naquele momento, meu celular tocou. Era meu irmão caçula:

— Julien, escute bem, tenho uma boa notícia.

O cunhado dele, executivo de uma empreiteira de obras, estava em um jantar de negócios e soubera do pedido de socorro de Sophie. Contara o caso na mesa e imediatamente todos tinham colocado a mão no bolso. Meu irmão podia levar 12 mil euros naquela mesma noite, recolhidos em um único jantar e doados por pessoas que nem conhecíamos. Fiquei comovido com a generosidade de todos que aceitaram se comprometer por nós.

Tínhamos, então, a quantia e até um pouco mais. Majid deu o sinal de partida para os seus contatos na Síria. Ele e Anton, que falava árabe fluentemente, fizeram a ligação entre Sophie, ainda na casa da tal família, e os homens na clandestinidade em Raca.

Majid disse que conhecia o bairro em que Sophie estava. Inclusive, era onde morava com os pais antes de ser expulso pela guerra, obrigado a fugir por causa do seu ativismo. Era o bairro da elite intelectual síria, agora infestado de gente do Estado Islâmico. Em apartamentos confiscados pelo grupo moravam pessoas fanatizadas de todos os pontos do mundo.

— A família que dá abrigo a Sophie tem mesmo que estar assustada. Estão todos arriscando a vida por sua esposa. Falei com eles, não querem fechar a porta para ela, mas é preciso resolver tudo rapidamente. O prédio está cheio de *mudjahidines*, que moram lá. A família realmente pode ser esmagada a qualquer momento.

Naquela casa espaçosa, entre aquelas pessoas, eu participaria, minuto a minuto, da fuga de minha mulher e de meu filho, do outro lado do mundo. Sem nada poder fazer e quase sem poder respirar. Sabia que fora marcado um encontro dela com um homem do Exército Livre, à frente do hospital para mulheres.

Fico esperando. Tremendo.

18

A fuga final

Estávamos, as duas, sentadas na sala. A pessoa que me telefonara dissera se chamar Majid. "Vou ajudá-la", prometera ele. Acreditei. Não sabia quem era, nem como Julien o conhecera. Também não me lembrara de perguntar. Pouco importava. Já ele fizera perguntas bem exatas sobre o lugar em que nos encontrávamos e sobre as circunstâncias da nossa fuga. Eu sentia que cada palavra minha tinha muita importância. A desconfiança e a prudência eram fatores dos quais dependia a sobrevivência dos amigos dele. Esforcei-me em dar todas as informações possíveis, de forma bem precisa. Quando descrevi o bairro em que estávamos, ele disse: "Ah, era onde eu morava! Antes." Por trás daquela simples palavra havia toda uma guerra e um exílio. Despedindo-se, ele prometeu telefonar logo. Estou esperando.

O aparelho estava em cima do sofá, entre Madana e eu. A ansiedade dela não era menor que a minha. O medo pairava pela sala como cheiro de carniça.

O telefone não tocava.

— Se for preciso, podem ficar por mais um dia, não vou expulsá-los — disse ela baixinho.

Agradeci com a cabeça. A bondade de Madana era tão grande quanto o seu medo.

O telefone finalmente tocou. Atendi antes até do final do primeiro toque.

Era a minha tábua de salvação.

— Alô? Alô? — Reconheci a voz de Majid. — Sophie, eles vão tirá-la daí. É preciso que vá para a frente do hospital do Estado Is-

NAS SOMBRAS DO ESTADO ISLÂMICO

lâmico. Espere lá. Um homem vai se aproximar e dizer meu nome. Vá com ele.

Nossa conversa era em inglês, eu tinha medo de ter compreendido mal, várias vezes pedi que ele repetisse.

— Como ele me reconhecerá?

— É melhor que Hugo tenha alguma coisa que os identifique. Como ele está vestido?

As roupas de Hugo, no entanto, eram tremendamente comuns. Vi um colete branco de criança no encosto de uma cadeira. Madana percebeu meu olhar e compreendeu de imediato. Ela fez um sinal com a cabeça e me entregou o agasalho.

— Vai estar com um colete branco.

— Ótimo, ótimo.

— Faço isso agora? Vou para lá agora?

— Exato. A hora é esta.

Desliguei. Por alguns segundos, tremi como uma folha. Olhei para as minhas mãos descontroladas e pensei: "Deus do céu, não vou conseguir." De repente, a tremedeira passou, tão bruscamente quanto havia começado. Levantei-me. Madana também. Com um gesto repentino, ela me abraçou forte.

— Deixe o seu número. Daqui a uns dias ligo para saber se conseguiu escapar. Vou rezar por vocês.

Ela não me passou o seu número de telefone. Se fôssemos pegos, isso poderia comprometê-la.

Avisei a Hugo que estávamos de saída:

— Agora vai precisar ser muito corajoso e seguir direitinho o que eu disser. Vamos encontrar o papai, mas umas pessoas más não querem deixar.

Ele bateu com o pé no chão, com raiva:

— Ninguém vai impedir que eu encontre papai.

— Sei disso. Mas, para que dê certo, terá que fazer o que eu disser. Combinado?

Com toda gravidade ele fez sinal afirmativo.

Vesti meu *niqab* e Hugo o colete branco. Já passava das 21h. A escuridão se espalhava pela cidade. Era tarde para que uma mulher

140 A FUGA FINAL

andasse sozinha pela rua, e eu esperava que a pessoa que devia encontrar não demorasse muito. Madana se ajoelhou na entrada e chorou, beijando Hugo. Mais uma vez, nos abraçamos e nos despedimos. Desci a escada no escuro, apavorada com a possibilidade de encontrar os rapazes. Mas tudo estava deserto. Atravessamos o piso de cerâmica do saguão sem fazer barulho. Enfim, chegamos à rua. De novo me sinto invisível, a silhueta anônima passando junto às paredes, e, ao mesmo tempo, chamando a atenção: uma mulher desacompanhada em plena noite.

Hugo andava rápido, apesar do cansaço. Suas perninhas se moviam, com a mão bem presa à minha. Fomos direto para o hospital.

Havia sempre, naquela movimentada rua, certa agitação. Táxis faziam ponto logo mais à frente. Um pequeno grupo de homens estava em uma animada conversa diante da escadaria. Parei a alguma distância deles e esperei. Por trás do véu, vigiava tudo em volta. Alguns homens notaram minha presença. Se eu ficasse parada tempo demais, pareceria suspeito, e eles iriam se dirigir a mim.

Como identificar o meu salvador? Teria uma aparência bem comum; teria provavelmente inclusive a aparência de um simpatizante do EI.

— Estou cansado — disse Hugo bem baixinho.

— *Psss, psss.*

O homem não chegava. Já estávamos ali havia dez minutos. Discretamente, olhei meu telefone. Não captava mais o sinal do cybercafé. Teria eu entendido mal o lugar do encontro? Será que acontecera algum imprevisto? Pelo canto do olho vi que um dos homens se separou do grupo e caminhou em nossa direção. Coloquei-me em movimento. Com a mão de Hugo bem apertada pela minha, retomei o caminho de casa, com os olhos grudados no telefone. Queria voltar à área de cobertura do cybercafé. Finalmente, o ícone acende, estou conectada. Ligo imediatamente para Majid.

— Não tem ninguém aqui, Majid! Não tem ninguém! Vou acabar sendo presa.

— Onde vocês estão, Sophie?

— Estávamos em frente ao hospital, mas não veio ninguém.

NAS SOMBRAS DO ESTADO ISLÂMICO

— Não entendo, falei com eles, e estão procurando vocês. Volte para o ponto de encontro.

Desligo.

— Mamãe, estou cansado — disse Hugo, quase chorando.

Coloquei-o no colo e segui na direção do hospital, quase caindo por causa dos buracos na calçada. Voltando a ver o hospital, constatei, aliviada, que o grupinho que conversava perto dos degraus se desfizera. Voltei com Hugo para a frente do edifício, de forma bem visível. A escuridão era quase total. Os homens que eu esperava não chegavam.

Continuei por ali, na beira da calçada. Minha presença logo chamaria a atenção. Ninguém apareceu. O plano dera errado. O desânimo, então, toma conta de mim, como uma onda glacial. Gostaria de desistir, mas não posso, Hugo está comigo. Tenho que continuar.

Um motociclista passa e nos olha com insistência. É alguém do Estado Islâmico. Resolvo voltar para casa e pedir que Madana nos aceite de volta, só pela noite. Talvez seja possível reorganizar alguma coisa no dia seguinte.

Com Hugo ainda em meu colo, tomei o caminho de volta.

— Vamos encontrar o papai? — perguntou ele baixinho, junto do meu ouvido.

Minha garganta deu um nó. Parei na passagem para pedestres, sem saber o que responder, e senti uma presença atrás de mim. Era um homem. Eu estava perdida.

Ele parou a meu lado e sem se virar disse:

— Majid.

— Sim! *Yes!*

Lágrimas de felicidade escorriam dos meus olhos. O homem se virou para mim. Era muito jovem. Distingui em seus olhos grandes e negros o brilho — uma característica dele, como comprovaria mais tarde — de um sorriso. Ele se inclinou e pegou meu filho no colo com toda suavidade. Hugo não estranhou, encostou a cabeça no ombro do desconhecido, fechou os olhos e dormiu.

Com a mão que ainda estava livre, o homem pegou a minha e me conduziu.

Eu estava salva.

A FUGA FINAL

★ ★ ★

Andamos por algumas ruas sem dizer uma palavra e depois ele chamou um táxi. Entrei e me acomodei no banco de trás, e ele continuou com Hugo no colo. Durante o percurso, o desconhecido disse ao motorista algumas coisas que eu não entendi. Em determinado momento, fez sinal para que o carro parasse e descemos. Era uma área ainda em construção, com uma sucessão de prédios feios. Caminhamos um pouco por ruas desertas, até chegarmos a um edifício moderno. Subimos pelas escadas, como sempre, em Raca, até o quinto andar. Ele abriu a porta de um apartamento e a trancou bem, depois de entrarmos. Deixou Hugo, que não acordou, em um colchão estirado em um canto e se virou para mim, dizendo, com um belo sorriso:

— Fique à vontade, irmã! Passaremos a noite aqui. Vou buscar alguma coisa para comermos. Frango com batatas fritas?

Sem conseguir falar, apenas balancei a cabeça concordando, e ele saiu, me deixando sozinha.

O apartamento estava quase vazio. Alguns colchões, piso frio, uma televisão no canto e nada mais. Tirei o *niqab*.

De volta, meu salvador não se importou que eu tirasse os véus. Nem os cabelos ele fez questão que eu mantivesse cobertos. Sentou-se no chão, dividimos o jantar e comemos, falando de qualquer coisa, menos da situação. Tudo que eu fiquei sabendo de Malik, que, aliás, não era o seu nome verdadeiro, foi que tinha 25 anos e era casado. Só saberia a sua história quando chegasse à França. Quando a revolução começara, ele era estudante. Tomara parte na onda de revolta que agitara o país. Havia cinco anos estava lutando. Fazia parte do pequeníssimo grupo de rebeldes que clandestinamente permanecera em Raca depois da tomada de poder pelo Estado Islâmico. Como os colegas da resistência, mantinha as características dos extremistas: barba e cabelos compridos. Eram homens que trabalhavam em segredo e sabotavam tudo o que podiam. Especializavam-se, sobretudo, em operações secretas de retirada de pessoas.

Naquele momento, porém, falamos mais da França e dos seus programas de televisão favoritos. Quando Hugo acordou, Malik brincou com ele e o fez rir. Depois, ligou a televisão, que por satélite pegava estações ocidentais. Nunca fui fã de TV, mas fico muito feliz por estar assistindo a programas em que, no final, não apareciam gargantas sendo degoladas...

Depois disso, Malik tirou uma foto minha segurando um cartaz com algo que eu não sabia decifrar escrito. Assim como os reféns que são obrigados a transmitir a reivindicação de seus carcereiros, mantive bem visível o cartaz do meu salvador, satisfeita e sorrindo da melhor forma que pude. Ele enviou a foto a Majid, que a transmitiu a Julien. Em seguida, acendeu um narguilé e me ofereceu.

— Está louco? É proibido. Se formos vistos, será chicoteado em público!

Ele deu uma boa risada:

— Se fosse só esse o risco que corremos...

Precisava recuperar as energias, na manhã seguinte, começaria a grande viagem. Partiríamos em comboio em direção à fronteira turca. Um carro seguiria na frente. Se vissem algum controle policial móvel, avisariam o carro da retaguarda, que tentaria nos alcançar e fazer sinal de parar. Se não desse certo... Bem, teriam que usar as armas. Malik me disse isso com o fatalismo de quem vivia em estado de guerra constante. Estaríamos no meio dos dois carros, de moto. Malik me entregou o documento de circulação em nome da mulher dele. Até me pedirem para erguer o véu, tudo estaria bem. Ele me instruiu para nunca dizer coisa alguma, pois seríamos descobertos imediatamente. De fato, não havia casamento possível entre homens sírios e mulheres estrangeiras, sendo frequente, no entanto, os *mudjahidines* escolherem suas companheiras na população local. Concordei com um gesto. Hugo e eu nos manteríamos mudos como túmulos.

Deitei-me enquanto ele continuava a fumar, agora perdido em seus pensamentos. Tive medo de não conseguir pregar o olho a noite inteira, de tão assustadores que eram os perigos que nos esperavam. Mas antes até de terminar de me dizer isso eu já caía em um sono profundo.

19

A estrada

E foi assim que acabei indo parar na estrada poeirenta, na garupa da moto dirigida por Malik, e com Hugo no colo, escondido no meu *niqab*. Conseguimos deixar Raca sem dificuldade. Malik conhecia os postos fixos de saída da cidade, e acho que deu dinheiro ao funcionário, pois a vistoria foi bem rápida. Em seguida, nada aconteceu de extraordinário. Os *mudjahidines* que partiam para o combate seguiam no sentido contrário. A estrada era longa, e minhas costas doíam, por causa da irregularidade do piso. Segurava Hugo com tanta força que meu braço ardia.

De repente, a moto deu um salto, depois de decolar em um desnível da estrada, voltando brutalmente ao asfalto. Teria eu cochilado sem perceber? Soltei a cintura de Malik e senti, apavorada, que estava escorregando para trás. Não tinha mais onde me agarrar, não podia soltar Hugo para me ajeitar e percebi que ia cair. Protegi com meu corpo o do meu filho, para tentar amortecer sua queda.

Caí sentada, com o cóccix batendo duro no asfalto, e senti uma dor aguda subindo pela coluna vertebral. Apavorado, Hugo começou a gritar. Tentei me livrar do véu para verificar se ele estava bem, sem porém me expor demais. Malik freou bruscamente, poucos metros adiante, e foi correndo até nós, assustado.

— Tudo bem com o menino?

Hugo está bem, eu o acalmo. Só que eu não conseguia me levantar. Malik olhou em volta, preocupado.

— Temos que ir. Não podemos ficar aqui.

Ele me pegou pelo braço e me ajudou a ficar de pé. Procurei não gritar de dor. Achava que no mínimo tinha uma fissura no cóccix. Tenso e atento, ele me ajudou a andar até a moto e me sentar atrás.

— Acha que aguenta? Acha?

Claro, eu aguentaria. Lágrimas de dor escorriam por baixo do véu, enquanto a moto retomava a estrada. Imaginava o esforço que ele estava fazendo para andar mais suavemente e evitar os buracos da estrada, mas a simples trepidação do motor me causava tamanha dor que eu precisava morder os lábios para não gritar.

— Tudo bem, mamãe? — perguntou Hugo, debaixo do meu *abaya*.

Ele agora estava totalmente desperto, se segurando por conta própria em mim, e isso me ajudava.

— Tudo bem. Mamãe está bem.

A moto corria.

Malik me informara que seriam oito postos fixos até a fronteira. Poderíamos evitar todos, exceto um, em um ponto da estrada sem outras alternativas. Entendi, por seu tom apreensivo, ainda que com o sorriso de sempre, que era a incógnita da viagem.

Comecei a rezar: "Por favor, salve Hugo. Deixe que ele volte a ver o pai. Cometi um erro, não o faça pagar por isso." Não sabia ao certo a quem implorava com tanta convicção, mas, em todo caso, aquilo me fez bem.

Seguimos firme, em direção à fronteira.

Nas proximidades do check-point incontornável Malik diminuiu a velocidade. O carro da frente já passara. Avançamos. O guarda de serviço bruscamente deu meia-volta e entrou na guarita. Pelo vidro vi que ele tinha pegado uma garrafa de água e bebia com voracidade, totalmente desinteressado no tráfego. E ele era o único de serviço: a passagem estava livre. Malik acelerou e atravessamos em velocidade.

Alguém nos protegia. Murmurei febrilmente agradecimentos fervorosos. Estávamos a apenas uns poucos quilômetros da fronteira.

Paramos em uma espécie de barraco improvisado, na região de Tal Abiad. Malik estacionou a moto e pegou Hugo nos braços. Ele me ajudava a andar. Eu estava mancando e a dor era insuportável. Não podia me sentar, então, fiquei de pé, encostada na parede. Malik nos

146 A ESTRADA

deixou por uns instantes e foi buscar algo para comermos na casa de amigos que moravam por perto. Ao voltar, brincou com Hugo, olhando algumas vezes para mim, preocupado. Tentou me forçar a comer um pouco, mas eu não conseguia ingerir nada, a comida não passava.

— Vamos, minha irmã, vai dar tudo certo, coragem.

Balancei a cabeça para mostrar que também acreditava.

Alguém finalmente bateu de leve na porta e partimos. Era o momento de atravessar a fronteira.

Olhei a paisagem triste em volta, com arame farpado a se perder de vista. Não via militares nem policiais. Outros fugitivos apareceram, vindos não sei de onde. Era uma espécie de terra de ninguém atravessada por dezenas de pessoas que andavam cada vez mais rapidamente, até começarem a correr. Levavam alicates, cortavam os arames. Malik colocou Hugo nos ombros e de longe eu podia vê-los, mesmo no meio de toda aquela multidão. Tentava acompanhar o ritmo. Do outro lado da cerca havia um fosso lamacento. Tentando passar, senti que algo me impedia: o *niqab* ficara preso no arame farpado. Puxei, as pessoas me empurravam, me assustei sentindo o pano escapar da minha cabeça, mas que se dane, não tinha jeito, arranquei com força e o tecido se rasgou, descobrindo meu rosto e minha cabeça. O ar frio e vivo me devolve alguma energia, mas era difícil seguir na mesma velocidade dos outros. Minhas sapatilhas escorregavam na lama, perdi uma delas e depois a outra. Era impossível voltar atrás, continuei descalça mesmo. Corro. Caio, me levanto. O empurra-empurra era enorme e totalmente mudo. Todos estavam correndo pela vida. Desesperada, fixei o olhar na cabecinha de Hugo e segui atrás.

Estávamos na Turquia.

Com os pés sangrando, segui aos tropeços atrás de Malik, que consegui alcançar. Com Hugo ainda nos ombros, ele me segurou pelo braço e me encorajou. Sentia-me tonta e ele brincou:

— Vamos, Cinderela, corra.

Levantei a cabeça, surpresa. Ele me olhava com seu eterno sorriso, e eu não podia deixar de rir. Que tremenda Cinderela eu era, com

NAS SOMBRAS DO ESTADO ISLÂMICO   **147**

as meias rasgadas e cheias de lama, o *niqab* em farrapos, os cabelos desgrenhados.

— Cadê minha carruagem? — perguntei.

Ele deu uma gargalhada.

— Logo ali, já vai vê-la. Só mais um esforcinho.

Atravessamos uns campos desertos. Em cada uma das fazendolas que beiravam os campos, turcos recebiam os fugitivos. Malik apontou para uma delas: era a nossa.

Lá chegando, me deram água e sabão para lavar os pés. Alguns cortes eram profundos. Malik me ofereceu os seus tênis, que não aceitei. Mas ele insistia: eu não conseguiria ir muito longe com os pés naquele estado. Os tênis eram enormes, e ele debochava de mim, para divertir Hugo, dizendo que eu parecia um palhaço de circo.

Um táxi se aproximou para nos levar em direção a Gazantiep. A noite começava a cobrir o campo. Mal conseguia acreditar que tínhamos escapado. No entanto, tínhamos conseguido: saíramos da Síria.

Após quase meia hora de estrada, Malik fez sinal para que o táxi parasse. Trocamos de carro. Mesmo daquele lado da fronteira, as regras de segurança eram radicais. Havia sempre muitos atentados, e os sírios em exílio e outros opositores ao Estado Islâmico precisavam se proteger. No novo veículo, estavam dois homens de cerca de cinquenta anos. Um deles era o comandante da brigada clandestina do Exército Livre em Raca e fora quem organizara nossa fuga. O outro era um sírio exilado, que iria nos hospedar. Os três fumavam sem parar. Hugo e eu ficamos enjoados, mas não queríamos incomodar nossos heróis. Entreabri a janela, achando ser, afinal, um inconveniente mínimo a suportar, agora que estávamos salvos... Repetia para mim mesma: salvos. Mas não sentia ainda o alívio esperado. No meu estômago ainda havia uma bola de tensão.

Deixamos Malik em algum lugar. Ele descansaria um pouco e voltaria ao combate. Abracei-o, chorando. Nunca mais o veria. Seguindo um impulso, procurei no forro da minha bolsa o dinheiro francês que escondera e entreguei-o a ele.

— Fique com isso, por favor.

Sem graça, ele recusou com firmeza e se curvou para dar um beijo em Hugo, a quem ele carregara como se fosse um filho. Devolvi o seu par de tênis, rimos e choramos ao mesmo tempo. Minha gratidão era total. Ele se afastou, cheio de coragem, rumo a seu destino. De costas, dava a impressão de alguém muito frágil.

Finalmente chegamos ao apartamento em que iríamos nos instalar. Uma mulher pequena e gorducha nos recebeu com generoso entusiasmo. Reclamando do marido, ela nos levou até o banheiro e nos entregou roupas limpas. Voltou para a cozinha e preparou algo para beber e comer.

Era o meu primeiro banho em liberdade. No espelho rapidamente embaçado pelo vapor, vi meu corpo esquelético. Os cabelos estavam ressecados, tinham crescido muito desde a última vez em que os cortara e tingira de vermelho. Os ombros estavam tão estreitos que a cabeça parecia enorme, dando a impressão de que iria se desequilibrar. Fiquei assustada com meu estado físico. Esfreguei o corpo com vontade, para me livrar da sujeira da viagem, da poeira da estrada, das lágrimas e do medo da Síria. Esfreguei Hugo com a mesma determinação. Depois vestimos as roupas que a dona da casa havia separado para nós: um moletom rosa para mim e um vermelho para Hugo.

Na sala, conversamos até tarde da noite. Nossos anfitriões, que tiveram que deixar a Síria por causa da guerra, não paravam de fazer perguntas sobre como estava Raca e sobre o meu percurso até lá. Bebemos café turco, forte e amargo, que no entanto não impediu que eu dormisse com meu filho no colo, mesmo com tanta luz, barulho e fumaça, sentada no sofá entre o marido e a mulher. Finalmente relaxei, restando apenas a dor nas costas, nos pés e também no ombro, por tanto ter carregado Hugo. Meu corpo parecia um ferimento só, mas dormi ao som da conversa em árabe e mal percebi o cobertor com que a dona da casa nos cobriu.

20

O *regresso*

Na noite do dia seguinte, Julien entrou no quarto em que Hugo acabara de pegar no sono. Nem cheguei a me levantar. Com duas passadas, ele atravessou o cômodo e me abraçou. Percebi que estava chorando. Eu mesma já nem conseguia mais. Escapara do inferno. Descobri naquele momento, tendo os braços do meu marido em volta de mim.

Em seguida, ele pega Hugo, que não acorda. Abraça o filho com carinho, e tenho vontade de pedir desculpas, mas as palavras não bastam.

— Você vai ter muitas explicações a dar, Sophie — me avisou ele, entre soluços.

Saímos os três do quarto e fui apresentada a Anton, meu salvador. Eles então entregam o dinheiro da operação, e os organizadores explicam por que o valor foi tão alto. A urgência tornara tudo mais complicado e, é claro, mais caro. Receberam a soma com visível desconforto. Anton se dizia decepcionado com o fato de ninguém dos órgãos oficiais franceses estar presente. Esperava mostrar à França que ainda havia resistentes na Síria, capazes de preparar operações clandestinas em plena capital do Estado Islâmico. Os rebeldes já há tanto tempo resistiam e lutavam sozinhos.

Despedimo-nos dos nossos anfitriões. Circunstâncias excepcionais criam laços excepcionais, e a jovem dona da casa e eu nos abraçamos como amigas de longa data. Lamentei deixá-los. Sentimo-nos, em momentos assim, tão próximos uns dos outros.

Tive dificuldade para calçar os sapatos. Os machucados, um pouco infeccionados, tinham inchado. Apoiada em Julien, consegui chegar ao táxi, que nos levaria ao Holiday Inn do aeroporto.

Tínhamos encontro marcado no hotel com um funcionário do Consulado e dois policiais turcos. Enquanto Julien subia para o quarto com Hugo, que ainda dormia, fiquei no refeitório vazio para responder às perguntas, não sobre o que fiz, mas sobre Raca. Fizeram-me repetir os nomes de todas as pessoas de que me lembrava e pediram detalhes sobre a localização dos lugares em que estive. Já era tarde quando finalmente foram embora.

Subi para me deitar.

Na manhã do dia seguinte senti uma mãozinha balançar meu ombro. Era Hugo, de pé junto à minha cabeça.

— Mamãe, mamãe. É o papai, ali?

Ele não conseguia acreditar. Dei uma gargalhada. Louco de alegria, Hugo pulou em cima do pai, dizendo baixinho, com todo amor:

— Papai, nunca mais vou ficar longe de você.

E é verdade que a partir daquele momento ele não desgrudou mais de Julien.

Saímos para o aeroporto. Sem meu passaporte, para viajar eu tinha apenas um documento preparado pelo Consulado, uma espécie de salvo-conduto, mas o adido que chegara na véspera nos esperava para garantir o embarque, caso houvesse algum problema.

Voamos para Istambul sem muito problema. Ao chegar, um guarda da alfândega nos parou. As instruções eram para de forma alguma dizer que eu vinha da Síria. Os jihadistas arrependidos ficam em geral por algum tempo em prisões turcas, se a polícia os identifica. Mas após alguma insistência e um telefonema ao Consulado, que preparara nosso documento, finalmente nos deixaram passar.

No avião, sentia-me vazia e triste. O excesso de emoções dos últimos dias me levara a uma saturação. Comecei a me preocupar com o que me esperava na volta. Eu ia precisar me explicar, sabia disso. Pensava em minha irmã e nas minhas sobrinhas. Em Julien também, é claro, que segurava a minha mão. Tudo parecia se acelerar. Começamos a descida em Paris. Pensava na minha casa. A vida iria recomeçar.

A saída do avião levou um tempo enorme, os passageiros se impacientaram à nossa frente. Logo em seguida, vi o motivo do congestio-

NAS SOMBRAS DO ESTADO ISLÂMICO 151

namento: um controle de polícia, no fim do corredor. Imediatamente entendo que é para mim. Engulo em seco.

Chegou minha vez.

— Seus documentos, senhora.

Mostrei o papel do Consulado. O funcionário de uniforme o examinou e olhou para uma mulher logo atrás dele.

— Queira dar um passo para o lado, senhora. Somos do Ministério do Interior. Peço que venha conosco.

Os olhares de todos os passageiros estavam fixados em mim, e tentei não pensar nisso. A mulher verificou os documentos de Julien e Hugo.

— Já que o pai está presente, vou deixar que o filho o acompanhe. A senhora parece estar calma, não colocarei as algemas, mas prometa se comportar. Posso contar com isso?

Fiz que sim com a cabeça.

— Posso beijar meu filho?

Ela permitiu. Despedi-me de Julien e de Hugo, para seguir os três policiais da DGSI.

21

DGSI

Eu ficaria em prisão preventiva por um período que poderia se estender por até 96 horas, na sede da DGSI, em Levallois-Perret. Confiscaram meu telefone, minha jaqueta, meu dinheiro. Dispensei a assistência de um advogado, não vendo por que precisaria de um. Esperei o primeiro interrogatório sentada em uma pequena cela limpa e fria.

Tudo estava bem preso no chão. Sobre uma bancada de concreto havia uma toalha de papel estendida. Minha cabeça estava vazia. Não sabia quais eram os riscos que eu corria.

Quando chegam para me buscar, colocam-me algemas, pela primeira vez em minha vida. Mas estava tão aturdida por tudo que acabara de viver que aquilo não me causou o menor efeito. Meu corpo não me incomodava, eu ignorava a dor e o desconforto. Sentia-me profundamente desligada de tudo. A única coisa a ocupar minha cabeça era que precisava ver as pessoas que me eram queridas e pedir que perdoassem a loucura que eu havia cometido.

Segui pelo corredor, com as mãos para trás. As outras celas também estavam ocupadas, e por homens, pelo tamanho dos sapatos deixados do lado de fora.

Chegando ao escritório, onde um policial me esperava, mandaram-me sentar e tiraram as algemas. O interrogatório teve início. Pela primeira vez contei de uma ponta à outra o percurso que me levara da casa de bairro a Raca. Respondi a todas as perguntas, procurando pensar bem quando tinha alguma dúvida. Contei tudo.

Levaram-me de volta à cela. Eu estava muito cansada. Deitei-me, mas tinha dificuldade para pegar no sono. Queria ir para casa.

NAS SOMBRAS DO ESTADO ISLÂMICO

Quatro horas depois foram me buscar. Voltaram a colocar as algemas. Tudo se repetiu, comigo sentada diante do mesmo funcionário, e recomeçamos do zero. Ele me fez contar de novo toda a história. Alguns detalhes surgiram. Ele insistia em um ou outro ponto. Assim como parecia ser o caso com os policiais turcos, só os fatos o interessavam. Ele queria nomes, datas, lugares. Respondi a todas as perguntas e fui levada de volta à cela. Aceitei algum alimento, uma maçã e biscoitos, mas continuava sentindo muita dificuldade para engolir. Tentei descansar. Não tinha a menor noção do tempo, não havia janela nem dispunha de relógio. Fico aguardando. Buscam-me novamente para outro interrogatório.

Passo dois dias na DGSI: 48 horas durante as quais fui ouvida oito vezes. No primeiro dia, um homem atencioso e atento. No segundo, um colega frio e desagradável. Mas as perguntas eram as mesmas, incansavelmente. No final, minhas respostas se tornam mais sumárias, eu achava já ter contado tudo, e aquele novo policial era francamente hostil. Mantive-me, porém, calma e educada. Ouvia gritos nas celas vizinhas, sem distinguir o que diziam.

Finalmente, me avisaram que havia sido liberada. Um funcionário me acompanhou até a porta.

— Como faço para chegar em casa? Meu marido foi avisado?

— Não se preocupe, cuidamos de tudo — responderam eles.

De fato, cuidaram de tudo: um carro da polícia, da delegacia de Élancourt, me esperava:

— Seu marido registrou queixa pelo sequestro do filho. Será levada a julgamento.

Caí das nuvens.

22

As colegas da prisão

Com as luzes do alto piscando, partimos em velocidade para o tribunal de Versalhes. Fui levada a outra cela, em um buraco imundo, com paredes cobertas de vômito e cocô secos. O fedor era insuportável, eu mal conseguia respirar. Mas tentava relativizar. Há apenas quatro dias eu fugia de uma prisão em Raca. Já passara por coisas piores.

Depois de aproximadamente vinte minutos, tiraram-me da cela, mais uma vez de mãos nas costas, e fui levada a uma sala onde me esperava uma jovem advogada da defensoria pública. Tivemos um curto momento para preparar minha defesa. Fiquei assustada com o total desconhecimento da moça, que nada sabia do meu caso e tinha um dossiê incompleto. Vi que não teria a menor utilidade para mim. Passados dez minutos, porém, ela considerava saber o bastante, e fui levada de volta à cela. A situação parecia um esquete da Justiça. Não via como se poderia fazer um trabalho decente em tais condições: quem poderia me defender sem saber nada a meu respeito?

Chegava, enfim, o momento de encontrar a juíza encarregada do processo. Entrei. Estava em um estado de quase alienação, exausta, atordoada. A escrivã leu a acusação. Ouvi o que dizia, mas sem compreender. Tinha dificuldade de perceber que era sobre mim que ela estava falando. A juíza fez algumas perguntas, que respondi da melhor maneira que podia. A advogada em momento algum interveio. Fui levada à cela sem que ela pronunciasse uma só palavra. A imundície do local já não me incomodava mais. Eu tentava entender o que estava acontecendo. Após uns poucos minutos — percebi logo não ser um bom sinal —, o policial foi me buscar. A juíza dera seu veredito: decidiu que eu seria mandada para a penitenciária de Versalhes por um período máximo

NAS SOMBRAS DO ESTADO ISLÂMICO 155

de quatro meses. Fiquei assombrada. Mal me libertara e queriam me prender novamente. Virei-me para a advogada, desamparada.

— Pretende contestar a decisão? — perguntou-me a juíza.

Afirmei que sim. Fui levada então a uma espécie de tribunal de recursos imediatos, dependente de outro juiz. A representante da Procuradoria tomou a palavra e começou um longo discurso, citando a periculosidade do país para onde eu tinha levado meu filho. Como pano de fundo, eu bem sabia, havia o espectro do terrorismo islâmico. Apesar da acusação a que deviam se ater, vi perfeitamente que não se tratava de defender Hugo, e sim de me punir pelo que havia feito. Tomei em seguida a palavra e falei com toda a minha força de persuasão:

— Não sou perigosa. Cometi um erro, um erro grave, em um momento da minha vida em que me encontrava muito fragilizada. Lamento profundamente o mal que causei. Mas não sou perigosa, não participei de qualquer ato violento e, pelo contrário, fui mantida lá contra a minha vontade. Preciso estar junto do meu filho e ele precisa estar junto da mãe. Queremos reconstruir nossas vidas. Meu marido confirmaria isso, se estivesse aqui.

— Ratifico a decisão de minha colega — cortou a juíza do tribunal de recursos. — A senhora será imediatamente encaminhada à penitenciária de Versalhes. Verá que não é de todo ruim.

Chorei as lágrimas que restavam dentro de mim. Não acreditava no que estava ouvindo: estava certa de que iria sair dali naquela mesma hora. A não ser os danos que causara às pessoas que amava, nada tinha que me culpasse. Fora vítima de um aliciamento, haviam abusado de minha boa-fé, conseguira escapar daquilo pondo em risco minha vida e, agora, seria presa? Não conseguia entender. Teriam me tratado assim se eu tivesse aderido a uma seita? Chorando, rabisquei o número de telefone de Julien e passei para a advogada:

— Avise ao meu marido, por favor. Conte o que está acontecendo.

Fui levada pela polícia à penitenciária, bem ao lado de onde estava. Era um enorme edifício, diante do qual sempre passara, sem nunca realmente ter me interessado pela maneira como viviam ali as prisioneiras. As portas blindadas se abriram — desta vez para mim —, rangeram, fizeram barulho e me engoliram. Em vez de chaves, crachás eletrônicos em todas as portas. Vi-me, ainda em lágrimas, diante do guarda encarregado do atendimento, um belo e louro rapaz atlético. Logo seria informada do seu apelido entre as detentas: Brad Pitt. Tinha os olhos claros, um jeito gentil. Ofereceu lenços de papel:

— Vamos, o que é isso? Não é tão ruim assim, você vai ver. Algumas prisioneiras são boas moças. Dá para levar...

Meu choro aumentava. Eu estaria em uma cela com criminosas, talvez até com assassinas. Recebi um número. Eu era uma presidiária.

Passei os primeiros dias na cela das recém-chegadas. Era um estágio de observação para a administração avaliar a personalidade das prisioneiras e encaminhá-las da maneira menos problemática possível. Compartilhei o local com uma outra novata, uma senhora de aparência bem tranquila, que me contou com toda calma ter assassinado o marido. Não fechei o olho a noite inteira, recusei comida e remédios, eu me sentia acuada.

No dia seguinte, o oficial superior que dirigia a prisão me recebeu em audiência.

— Vou colocá-la em uma cela tranquila, com prisioneiras calmas. Mantenha-se discreta, sem contar sua vida a todo mundo e tudo vai correr bem. Não responda a perguntas, proteja-se.

Éramos seis, em uma cela planejada para duas. Mas não foram prisioneiras que encontrei, e sim irmãs na adversidade, que me receberam e cuidaram de mim enquanto eu estava fraca e abatida demais, sem nada pedir em troca. Fizemos tudo o que estava ao nosso alcance para tornar mais humanas as nossas relações, lutando incessantemente contra a desumanização provocada pelo sistema carcerário.

Chloé tinha vinte anos. Vinha de uma família pobre do Norte da França: fora violentada pelo padrasto dos 8 aos 13 anos, quando então fugira de casa. Vivera nas ruas e passara por coisas bem duras. Consumira muitas drogas, tivera um filho que lhe fora tomado pela assistência social e se apaixonara por Éric, um cara também do Norte da França, que era agressivo quando estava bêbado, mas a quem ela amava perdidamente. Praticaram alguns assaltos, às vezes violentos. Estavam ambos presos, e ela só pensava em voltar a encontrar o namorado. Chloé era a única de nós a ter conseguido um lugar em uma oficina de trabalho. Dividia conosco o dinheiro que ganhava, conseguia mantimentos para todas nós e cantava os sucessos do programa *Nouvelle Star*. Mantinha-

NAS SOMBRAS DO ESTADO ISLÂMICO   157

-se informada de tudo o que acontecia na prisão. Seu único flagrante pecado era ser viciada na interminável série televisiva *Plus belle la vie*, a que ela assistia religiosamente todo fim de tarde. Como gostávamos dela, ficávamos em silêncio nessa hora. Chloé estava grávida, e quando o bebê nascesse ela seria enviada para a prisão de Fresnes, que contava com uma creche. A criança poderia ficar com ela até completar um ano e meio. Depois, não sabíamos para onde seria encaminhada.

Romi nem tinha 25 anos completos. Era da comunidade cigana. Estava ali por agressão e atos de barbarismo, sendo a única de nós que fora condenada por um crime e não por um delito. Seu irmão caçula, de 18 anos, em uma festa com muito álcool, fora espancado e violentado por um conhecido. Romi reunira alguns primos para vingar o irmão: pegaram o agressor e o deixaram quase morto, pedindo em seguida um resgate para soltá-lo. No entanto, ela era uma pessoa extremamente gentil.

Marianne tinha 60 anos, mas dizia ter 43. Era uma senhora corpulenta e bem alegre, convencida e completamente ninfomaníaca. Nascera no Congo Brazaville e era católica praticante. Cantava hinos religiosos aos berros enquanto fazia a limpeza da cela. Acusada de uma vultosa fraude no serviço de assistência social, se declarava inocente. Era calorosa e boa, mas tinha o enorme defeito de roncar a ponto de fazer as paredes tremerem.

Charline era uma estudante de boa família, que não queria decepcionar os pais. Apaixonara-se por um delinquente e o acompanhara em uma série de golpes. Tinha tanta vergonha de estar presa que dissera aos pais que estava fazendo um curso no exterior, por um ano. Nunca recebia visitas.

Toda manhã, às 7h, os vigias passavam para verificar se estava tudo em ordem e se ninguém havia se enforcado. Os mais amistosos aceitavam um simples sinal com a mão; outros, exigiam que nos levantássemos e nos aproximássemos da porta. Isso deixava Chloé de péssimo humor, e tínhamos que nos revezar para acalmá-la. Era também a hora da distribuição do pão, que precisava durar o dia inteiro. Os vigias, além de Brad Pitt, se chamavam Barbie, Cruella e Kaput.

Nossa cela, apesar de superpovoada, estava sempre impecável. Éramos todas obcecadas por limpeza. Chloé, que tinha insônias

158 AS COLEGAS DA PRISÃO

causadas pela gravidez, aproveitava a noite para faxinas. Mantínhamos tudo brilhando.

A religião também estava presente. Não comentara sobre o islã com ninguém, mas Chloé se convertera e rezava regularmente. Entre uma cantoria cristã e outra, Marianne falava do marido, que ela dizia ser judeu. Nunca a contrariávamos diretamente, pois ela começava logo a chorar, mas não acreditávamos em nenhuma palavra do que dizia. A família de Charline também era cristã. Como eu, ela pouco falava de si, e eu não sabia o que havia feito, exatamente, para se encontrar ali. Mas Chloé, Romi e Marianne faziam barulho suficiente por todas nós. A sexta colega de cela, Hope, era uma nigeriana que fora pega por proxenetismo organizado. Tinha 34 anos e era possível perceber que vivera naqueles anos bem mais do que a maioria das pessoas a vida inteira.

Eu sofria um controle judiciário bem restrito e era proibida de me comunicar com o mundo lá fora, inclusive com Julien. Não podia então receber visitas nem telefonar. De qualquer maneira, não tinham me devolvido meu dinheiro e, por isso, eu não tinha como obter regalias. Tudo na prisão era pago, e nada era barato. Não sabia quais informações tinham chegado a Julien. Depois que saí, soube que ninguém lhe dissera nada e que ele várias vezes fora com Hugo à prisão, tentando me ver ou simplesmente obter notícias. Escrevia-me diariamente, mas durante todo o meu primeiro mês ali minha correspondência foi confiscada.

Pouco saía da cela. Ouvia discussões, brigas sérias e não tinha vontade de me envolver em problemas. As colegas de cela me diziam para sair um pouco, achando não ser saudável ficar tanto tempo em um espaço fechado. Se soubessem... Elas frequentavam com assiduidade a biblioteca, o pátio para tomar sol, a sala de ginástica... Sabiam de tudo, participavam de tramoias e se viravam bem. eram moças habituadas a isso, com impressionante capacidade de adaptação.

Eu passava muitas horas deitada na cama. Lia, escrevia e, quando estava sozinha, chorava, descontroladamente, como se assim liberasse toda a raiva e o medo dos últimos meses. Revia, por horas e horas, toda a sequência dos fatos. Tentava entender o que acontecera comigo.

Passado um mês, tive finalmente autorização para me corresponder, e recebi as primeiras cartas de Julien. Por conselho de uma colega, contratei um advogado de um importante escritório. Falava-se muito em jihadismo, e meu caso o interessara. Infelizmente, porém, meu pedido de liberdade antecipada foi recusado.

Li, pensei, escrevi para Julien, para minha irmã, para minhas sobrinhas. A fenda que tinha em meu espírito continuava aberta, podia senti-la e vê-la. Analisei-a mais profundamente do que nunca, e agora sabia que ela não se fecharia. Esperava, porém, conhecê-la o bastante para não permitir mais que uma religião, uma ideologia ou até mesmo alguém se aproveitasse disso e me manipulasse.

Deixei a penitenciária de Versalhes no mês de junho, após dois meses de detenção, e encontrei meu filho e meu marido. Despedi-me das companheiras daquele período, amigas que passaram algumas semanas tentando generosamente me ajudar, sem fazer muitas perguntas. Provavelmente não as veria mais; como não voltaria a ver Malik, que me salvara; Madana, que dera abrigo a Hugo e a mim; Souria, que cozinhara macarrão para o meu filho e que tinha medo dos efeitos que as imagens de tortura poderiam ter sobre o seu bebê ainda na barriga; Houda, que me dera comida e emprestara um moletom rosa. Gostaria de prestar homenagem aos que me deram apoio, aos que se arriscaram por nós, aos que não tinham ideias preconcebidas a meu respeito, mesmo que não me compreendessem. Meu coração será para sempre grato aos que nos ajudaram na Síria, na Turquia e na França a recuperar a liberdade. Gostaria igualmente de agradecer a minha família e a muitos dos nossos conhecidos, que formaram em torno de nós um escudo humano indestrutível que me salvou, estando meu estado psicológico no ponto mais baixo. Agradeço àqueles que sabem que a depressão não é uma escolha, um modo de vida ou uma fraqueza moral: é uma doença terrível.

Pouco tempo depois de sair da prisão soube que Idriss e Mohammed tinham morrido em combate. As famílias receberam uma carta testamento. De Souleymane nunca mais tive notícias.

Este livro foi composto na tipologia Adobe Bembo Std,
em corpo 10,5/14,5, impresso em papel off-white,
no Sistema Cameron da Divisão Gráfica
da Distribuidora Record.